T0207812

essentials

Essentials liefern aktuelles Wissen in konzentrierter Form. Die Essenz dessen, worauf es als „State-of-the-Art" in der gegenwärtigen Fachdiskussion oder in der Praxis ankommt. Essentials informieren schnell, unkompliziert und verständlich

- als Einführung in ein aktuelles Thema aus Ihrem Fachgebiet
- als Einstieg in ein für Sie noch unbekanntes Themenfeld
- als Einblick, um zum Thema mitreden zu können

Die Bücher in elektronischer und gedruckter Form bringen das Expertenwissen von Springer-Fachautoren kompakt zur Darstellung. Sie sind besonders für die Nutzung als eBook auf Tablet-PCs, eBook-Readern und Smartphones geeignet.

Essentials: Wissensbausteine aus den Wirtschafts, Sozial- und Geisteswissenschaften, aus Technik und Naturwissenschaften sowie aus Medizin, Psychologie und Gesundheitsberufen. Von renommierten Autoren aller Springer-Verlagsmarken.

Daniel Schallmo

Bestehende Ansätze zu Business Model Innovationen

Analyse und Vergleich der Geschäftsmodelle

Dr. Daniel Schallmo
Ulm
Deutschland

ISSN 2197-6708   ISSN 2197-6716 (electronic)
essentials
ISBN 978-3-658-09900-8   ISBN 978-3-658-09901-5 (eBook)
DOI 10.1007/978-3-658-09901-5

Die Deutsche Nationalbibliothek verzeichnet diese Publikation in der Deutschen Nationalbiblio-
grafie; detaillierte bibliografische Daten sind im Internet über http://dnb.d-nb.de abrufbar.

Springer Gabler

Gedruckt auf säurefreiem und chlorfrei gebleichtem Papier

Springer Fachmedien Wiesbaden ist Teil der Fachverlagsgruppe Springer Science+Business Media
(www.springer.com)

Was Sie in diesem Essential finden können

- Beschreibung aktueller Ansätze der Geschäftsmodell-Innovation anhand eines einheitlichen Rasters
- Vergleich aktueller Ansätze der Geschäftsmodell-Innovation
- Zusammenfassung der wichtigsten Erkenntnisse aus dem Vergleich

Vorwort

Die Innovation von Geschäftsmodellen ist heute essentieller Erfolgsfaktor eines jeden Unternehmens. Aus diesem Grund haben die Ansätze zur Entwicklung von Geschäftsmodellen in den letzten Jahren stark zugenommen. Oftmals weisen diese Ansätze allerdings Unterschiede (z. B. im Detaillierungsgrad, beim Vorgehen und bei den Techniken) auf. Ein vergleichender Überblick über die bestehenden Ansätze fehlt.

Die Zielsetzung des vorliegenden Essentials ist es, die wichtigsten Ansätze anhand eines einheitlichen Rasters zu beschreiben, sowie Gemeinsamkeiten und Unterschiede herauszuarbeiten.

Dazu wird ein Beschreibungsraster angewandt, das sich an den Bestandteilen einer Methode orientiert und anhand dessen die Analyse erfolgt. Anschließend werden die analysierten Ansätze zusammengefasst und miteinander verglichen. Als Ergebnis liegen eine Übersicht und eine Analyse bestehender Ansätze zur Entwicklung von Geschäftsmodellen vor.

Das Essential basiert auf einem Kapitel des Buches „Geschäftsmodell-Innovation: Grundlagen, bestehende Ansätze, methodisches Vorgehen und B2B-Geschäftsmodelle", das 2013 im Springer Verlag erschienen ist. Dabei fokussiert es sich auf die Ansätze der Jahre 2000 bis 2009. Der Anspruch des Essentials ist es dabei nicht, alle vorhandenen Ansätze im Detail zu beleuchten, sondern einen kompakten Überblick zu Ansätzen der Geschäftsmodell-Innovation zu geben. Dies ermöglicht den Leserinnen und Lesern, die sich praktisch mit dem Thema Geschäftsmodell-Innovation auseinandersetzen, sich ein Bild zu aktuellen Ansätzen zu machen und Ideen im Rahmen der Innovation des eigenen Geschäftsmodells zu gewinnen. Leserinnen und Leser, die sich wissenschaftlich mit dem Thema Geschäftsmodell-Innovation auseinandersetzen, erhalten einheitlich beschriebene Ansätze, die sie um weitere Analysen erweitern können.

Ulm im Juni 2015   Daniel Schallmo

Einleitung

Aufgrund eines sich ständig verändernden Umfelds, müssen Unternehmen heute andere Wege gehen, als in der Vergangenheit. Die zunehmende Homogenität und Transparenz von Produkten und Dienstleistungen, ein hoher Preisdruck, schrumpfende Märkte und abnehmende Differenzierungsmöglichkeiten führen zu einer zunehmenden Wettbewerbsintensität, der mit reinen Produkt-, Dienstleistungs- und Prozess-Innovationen nicht mehr begegnet werden kann.

Die Innovation von Geschäftsmodellen ist stattdessen eine Möglichkeit, um Kundennutzen auf eine neue Art zu stiften. Meist stellen dabei Geschäftsmodelle ein komplexes Konstrukt (z. B. aufgrund einer Service-Infrastruktur) dar und beinhalten Mechanismen (z. B. Bezahlmechanismen), was zu einer erschwerten Imitation seitens Wettbewerber und hohen Kundenbindung führt.

Um Geschäftsmodelle zu innovieren, liegen Ansätze vor, deren Anzahl in den letzten Jahren stark zugenommen hat. Diese Ansätze unterscheiden sich allerdings in der Darstellung, im Detaillierungsgrad, bei dem Vorgehen und bei den eingesetzten Techniken. Es existiert kein vergleichender Überblick über die bestehenden Ansätze. Die Zielsetzung des vorliegenden Essentials ist es, die wichtigsten Ansätze der Jahre 2000 bis 2009 anhand eines einheitlichen Rasters zu beschreiben sowie Gemeinsamkeiten und Unterschiede herauszuarbeiten. Konkret werden folgende Ansätze analysiert:

- Ansatz von Boulton et al. (2000)
- Ansatz von Linder und Cantrell (2000)
- Ansatz von Hamel (2001)
- Ansatz von Papakiriakopoulos et al. (2001)
- Ansatz von Mitchel und Coles (2004)
- Ansatz von Osterwalder et al. (2004/2005)
- Ansatz von Voelpel et al. (2004)

- Ansatz von Chesbrough (2007)
- Ansatz von Giesen et al. (2007)
- Ansatz von Zott und Amit (2009)
- Ansatz von Grasl (2009)
- Ansatz von Lindgarth et al. (2009)

Dazu wird ein Beschreibungsraster angewandt, das sich an Method Engineering orientiert und eine strukturierte Analyse bestehender Ansätze ermöglicht. Im Anschluss an die Analyse werden die Ansätze zusammengefasst und miteinander verglichen.

Inhaltsverzeichnis

Über den Autor

Dr. Daniel Schallmo ist Wissenschaftler, Dozent und Unternehmensberater. Sein Forschungsschwerpunkt an der Universität Ulm ist die Entwicklung und Anwendung einer Methode zur Innovation von Geschäftsmodellen, vorwiegend in Business-to-Business-Markten.

Daniel Schallmo ist Autor zahlreicher Publikationen und Mitglied in Forschungsgesellschaften (u. a. Academy of Marketing Science, American Marketing Association, European Marketing Academy). Zudem ist er für wissenschaftliche Zeitschriften bzw. Forschungsgesellschaften als Gutachter tätig (z. B. Journal of Strategic Marketing, Business Process Management Journal, European Academy of Management, European Marketing Academy). Er ist Mitglied des wissenschaftlichen Beirats der International Society for Professional Innovation Management (ISPIM), Mitglied des Herausgeberrats des Journal of Investment and Management (JIM) und Herausgeber des Open Journal of Business Model Innovation (OJBMI).

Daniel Schallmo ist in Bachelor- und Masterstudiengängen für die Themengebiete Strategie-, Geschäftsmodell-, Prozess- und Innovationsmanagement als Dozent tätig. Er verfügt über mehrere Jahre Praxiserfahrung, die er in Unternehmen der verarbeitenden Industrie, des Handels, der Medien, der Unternehmensberatung und des Bauwesens gewonnen hat. Diese Praxiserfahrung bringt er in die Beratung ein und unterstützt dabei Unternehmen bei der Entwicklung und Implementierung neuer Geschäftsmodelle (gemvini – Geschäftsmodelle verstehen.innovieren.implementieren und BMG – Business Model Guerillas). Zudem ist Daniel Schallmo Mit-Gründer und Geschäftsführer von sooshi fresh, einem Healthy Food Konzept.

Beschreibungsraster für die bestehenden Ansätze

Um die bestehenden Ansätze zur Entwicklung von Geschäftsmodellen zu analysieren und zu vergleichen, findet nachfolgend die Entwicklung eines Beschreibungsrasters statt (vgl. dazu Hess und Brecht 1996, S. 4). Die von Heym (1993 S. 14 f.) definierten Bestandteile einer Methode dienen hierbei als Ausgangsbasis.

▶ Methoden beschreiben ein Vorgehen und bestehen aus Techniken, Ergebnissen, Aktivitäten, Rollen und einem Metamodell (Heym 1993, S. 14 f.; Winter 2003, S. 88)[1]. Die Abb. 1 zeigt die Bestandteile einer Methode und deren Beziehungen zueinander.

Techniken sind Handlungsanleitungen und stellen Vorschriften zur Erstellung/Dokumentation von Ergebnissen dar. Aktivitäten sind funktionale Verrichtungseinheiten, die die Reihenfolge vorgeben, wie die Erstellung der Ergebnisse erfolgt. Aktivitäten setzen Ergebnisse ein und erzeugen wiederum Ergebnisse. Eine Rolle führt Aktivitäten aus und beinhaltet Mitarbeiter/Teams (Heym 1993, S. 14 f.; Brecht 2002, S. 129–131). Ein Metamodell setzt die wichtigsten Objekte[2] einer Methode in Beziehung zueinander (Heym 1993, S. 14 f.; Gutzwiller 1994, S. 12–14; Hess und Brecht 1996, S. 4).

---

[1] Siehe auch: Brinkkemper und Lyytinen 1996.

[2] Neben dem Begriff Objekt finden in der Literatur z. B. auch die Begriffe Entität, Komponente, Baustein und Element Anwendung. Im Folgenden wird der Begriff Element verwendet, um die Bestandteile von Geschäftsmodellen zu beschreiben. Der Begriff Objekt wird verwendet, um die Bestandteile von Ansätzen bzw. der Methode (dargestellt in einem semantischen Netz) zu beschreiben.

© Springer Fachmedien Wiesbaden 2015
D. Schallmo, *Bestehende Ansätze zu Business Model Innovationen*, essentials, DOI 10.1007/978-3-658-09901-5_1

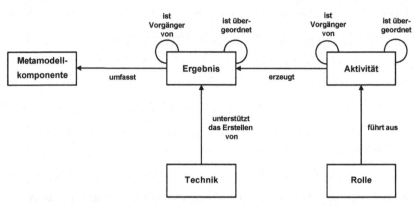

Abb. 1 Bestandteile einer Methode. (Heym 1993, S. 14 f.; Brecht 2002, S. 131)

Die Beschreibung eines Metamodells und der Beziehungen der Objekte erfolgt anhand einer spezifischen Notation (vereinfachte Entity-Relationship-Modelle: ERM), die sich aus Knoten und Kanten zusammensetzt (Hess und Brecht 1995, S. 15). Die Knoten repräsentieren hierbei die Objekte einer Methode und die Kanten die Beziehungen der Objekte zueinander. Die Kanten zeigen in Form von Pfeilen die Leserichtung an. Abbildung 2 stellt z. B. die vereinfachte Notation „eine Seite ist Bestandteil eines Buches" dar.

Im Rahmen der vorliegenden Untersuchung liegt der Fokus auf dem Metamodell, dem Vorgehensmodell mit Aktivitäten, den Techniken und den Ergebnissen. Bei einigen Ansätzen ist es nicht möglich, ein Metamodell zu erstellen, da der Ansatz keine Definition von Geschäftsmodellen mit Elementen bereitstellt bzw. keinen Zusammenhang der Elemente erläutert. Rollen sind unternehmensspezifisch (Brecht 2002, S. 131) und werden daher nicht näher berücksichtigt.

Ausgehend von den Bestandteilen einer Methode werden die Ansätze[3] anhand folgender Kriterien analysiert (in Anlehnung an Hess und Brecht 1996, S. 4):

Abb. 2 Vereinfachte ERM-Notation

---

[3] Der Begriff Ansatz wird verwendet, da es sich in den meisten Fällen nicht um vollständige Methoden handelt.

- Zielsetzung: Wie ist die Zielsetzung des Ansatzes, gilt er für eine bestimmte Industrie, oder ist er allgemeingültig?
- Ausgangsbasis und Zuordnung: Worauf basiert der Ansatz, wie erfolgte die Herleitung, und welchem Bereich wird der Ansatz zugeordnet?
- Detaillierungsebene: Wie detailliert ist der Ansatz mit den Geschäftsmodell-Elementen und dem Vorgehensmodell beschrieben? Wird z. B. neben der Entwicklung eines Geschäftsmodells auch dessen Implementierung berücksichtigt?
- Entwicklungsrichtungen: Welche möglichen Richtungen für die (Weiter-) Entwicklung von Geschäftsmodellen werden aufgezeigt?
- Generische Geschäftsmodelle: Welche generischen Geschäftsmodelle liegen vor? Gelten die generischen Geschäftsmodelle für eine Industrie?
- Metamodell: Wie sind die Elemente eines Geschäftsmodells beschrieben? Welches sind die wichtigsten Objekte des Ansatzes, und wie sind deren Beziehungen definiert?
- Einbindung von Geschäftsmodell-Umwelt und Strategie: Liegt die Einbindung der Geschäftsmodell-Umwelt und der Strategie innerhalb des Ansatzes vor? Wie erfolgt die Einbindung der Geschäftsmodell-Umwelt und der Strategie?
- Vorgehensmodell: Welche Phasen liegen innerhalb des Ansatzes vor, und in welcher Reihenfolge werden die Aktivitäten ausgeführt?
- Techniken und Ergebnisse: Welche Techniken werden im Vorgehensmodell eingesetzt, um die Ergebnisse zu erzielen?

Der Umfang der Analyse erstreckt sich auf die Ansätze, die in den letzten Jahren für Geschäftsmodell-Innovation entwickelt wurden und eine hohe Vollständigkeit aufweisen. Die Detaillierungsgrade der in der Literatur hinterlegten Ansätze sind nicht einheitlich, weshalb die vorliegende Analyse einen Überblick über bestehende Ansätze liefert.

Die Metamodelle werden als semantische Netze mit Objekten der Geschäftsmodell-Ansätze dargestellt und verwenden die Terminologien der jeweiligen Autoren. Die Zielsetzung ist, Transparenz bzgl. der Gemeinsamkeiten und der Unterschiede der Ansätze herauszuarbeiten. Im Anschluss an die Darstellung der Ansätze erfolgt deren Vergleich.

Ansätze der Geschäftsmodell-Innovation

Nachfolgend werden ausgewählte Ansätze der Jahre 2000 bis 2007 anhand des oben hergeleiteten Beschreibungsrasters analysiert.

Ansatz von Boulton et al. (2000)

Zielsetzung In diesem Ansatz geht es um die Nutzung von Vermögensgegenständen eines Unternehmens, um den Wertbeitrag zu erhöhen (Boulton et al. 2000, S. 31). Damit ist gemeint, dass vorhandene Vermögensgegenstände genutzt werden sollen, um für Interessengruppen eines Unternehmens Wert zu stiften und somit den Wert des Unternehmens zu erhöhen. Der Ansatz gilt hauptsächlich für die new economy, ist allerdings auch generell anwendbar.

Ausgangsbasis und Zuordnung Der Ansatz von Boulton et al. (2000) basiert auf Fallbeispielen und praktischen Erfahrungen der Autoren. Da sich der Ansatz auf die Nutzung bestehender Vermögensgegenstände bezieht, ist er dem Bereich des strategischen Managements, insbesondere dem ressourcenbasierten Ansatz von Penrose (Bea und Haas 2005, S. 28), zuzuordnen.

Detaillierungsebene Im Rahmen des Ansatzes erfolgt eine Beschreibung der Vermögensgegenstände und der Schritte, diese zu entwickeln. Eine detaillierte Beschreibung, was ein Geschäftsmodell ist, was Geschäftsmodell-Innovation ist und wie das Vorgehensmodell ausgestaltet ist, findet allerdings nicht statt. Weitere Schritte, wie z. B. die Steuerung und Anpassung von Geschäftsmodellen, werden nicht erläutert.

© Springer Fachmedien Wiesbaden 2015
D. Schallmo, *Bestehende Ansätze zu Business Model Innovationen*, essentials,
DOI 10.1007/978-3-658-09901-5_2

Entwicklungsrichtungen Boulton et al. stellen fünf Vermögenswert-Portfolio-Strategien vor, die dazu dienen, den Wertbeitrag von Vermögensgegenständen und somit den Wertbeitrag des Geschäftsmodells zu erhöhen (2000, S. 34–35):

*   Aufbau: Bei dieser Strategie werden Vermögensgegenstände aufgebaut, um neue Wertbeiträge zu generieren.
*   Erhöhung: Bei dieser Strategie werden Investitionen getätigt, um bestehende Vermögensgegenstände zu erhöhen.
*   Verbindung: Bei dieser Strategie werden bestehende Vermögensgegenstände (neu) miteinander kombiniert, um somit den Wertbeitrag zu erhöhen.
*   Umformen: Hierbei werden Vermögensgegenstände in einer anderen Form verwendet, um andere Funktionen zu erfüllen oder andere Bedürfnisse zu befriedigen.
*   Blockieren: Hierbei werden Vermögensgegenstände so ausgeschöpft, dass es für Wettbewerber schwierig und teuer ist, diese zu kopieren.

Generische Geschäftsmodelle Generische Geschäftsmodelle, die als Ausgangsbasis für die Entwicklung eines neuen Geschäftsmodells dienen, liegen nicht vor.

Metamodell Boulton et al. (2000, S. 29–32) stellen fest, dass ein Geschäftsmodell aus Vermögensgegenständen besteht, die miteinander kombiniert sind und somit einen Wert für Stakeholder erzeugen. Der Begriff Vermögensgegenstand ist hierbei weiter gefasst, als es aus dem Bereich der Bilanzierung bekannt ist.

Nach Boulton et al. (2000, S. 31–33) können Vermögensgegenstände folgende Formen haben: materiell (z. B. Grundstücke, Gebäude, Ausstattung, Inventar), finanziell (z. B. Geldbestände, Forderungen, Investitionen), personell (Mitarbeiter, Lieferanten, Kunden) und organisatorisch (Strategie, Kultur, Systeme, Prozesse, Innovationsfähigkeit, Marken, Know-how). Stakeholder bestehen nach Boulton et al. (2000, S. 35) aus Kunden und Lieferanten. Die Abb. 1 stellt die Objekte des Ansatzes von Boulton et al. (2000) dar.

Einbindung von Geschäftsmodell-Umwelt und Strategie Boulton et al. (2000) stellen keine explizite Einbindung der Geschäftsmodell-Umwelt und der Strategie vor. Sie stellen allerdings fest, dass eine Gesamtstrategie die Gestaltung eines Geschäftsmodells beinhaltet und eine Portfolio-Strategie (siehe Entwicklungsrichtungen) zur Implementierung eines Geschäftsmodells dient (Boulton et al. 2000, S 34).

Vorgehensmodell Die Abb. 2 stellt die von Boulton et al. (2000) vorgeschlagenen Schritte zur Neugestaltung eines Geschäftsmodells dar.

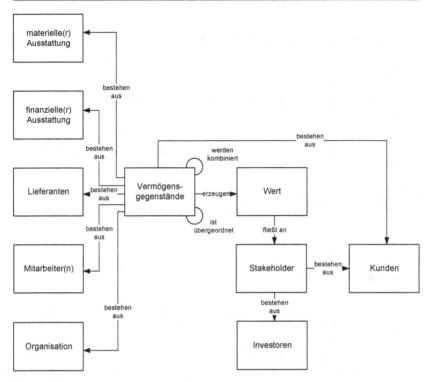

Abb. 1 Metamodell des Ansatzes von Boulton et al

Die Schritte lassen sich wie folgt beschreiben (Boulton et al. 2000, S. 34):

- Identifikation von Vermögensgegenständen: In diesem Schritt werden alle existierenden Vermögensgegenstände (materiell/immateriell; Eigenbesitz/Fremd-
  besitz) eines Unternehmens identifiziert und mit ihrem Wertbeitrag bemessen.
- Analyse von Möglichkeiten der Wertsteigerung: Dieser Schritt dient dazu, Möglichkeiten zu analysieren, wie existierende Vermögensgegenstände dazu beitra-
  gen, Wert zu erhöhen. Unternehmen haben hierbei folgende Möglichkeiten: in

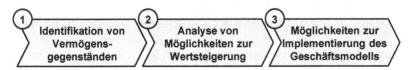

Abb. 2 Schritte zur Geschäftsmodell-Gestaltung nach Boulton et al

neue Märkte eindringen 1), Produkte und Dienstleistungen verändern bzw. entwickeln 2), Technologien und Prozesse integrieren, um Vermögensgegenstände zu verknüpfen/skalieren 3) und den Zugang zu Vermögensgegenständen durch Partner bzw. neue Kanäle erhöhen 4).

- Analyse der Möglichkeiten zur Geschäftsmodell-Implementierung: In dem letzten Schritt liegen zwei Möglichkeiten vor, um Geschäftsmodelle zu implementieren. Die erste Möglichkeit ist die Formulierung einer Gesamtstrategie, die die Gestaltung eines Geschäftsmodells beinhaltet. Die zweite Möglichkeit ist eine spezifische Portfolio-Strategie, die zur Implementierung eines Geschäftsmodells dient.

Techniken und Ergebnisse Techniken, wie ein Geschäftsmodell bzw. die Elemente eines Geschäftsmodells weiterentwickelt werden können, liegen nicht vor.

Zusammenfassung

Der Ansatz von Boulton et al. (2000) fokussiert sich auf existierende Vermögensgegenstände eines Unternehmens und die Möglichkeiten, diese weiterzuentwickeln. Die vorgestellten Schritte innerhalb des Vorgehensmodells sind schlüssig, lassen allerdings wenig Spielraum für neue Geschäftsmodelle, da sie sich an dem aktuellen Geschäftsmodell und den darin enthaltenen Vermögensgegenständen orientieren. Techniken und Ergebnisse, die den Ansatz ergänzen, liegen nicht vor.

Ansatz von Linder und Cantrell (2000)

Zielsetzung Linder und Cantrell (2000, S. 6) konzentrieren sich auf zwei zukunftsgerichtete Dimensionen eines Geschäftsmodells: die Hauptaktivität des Geschäftsmodells, um Gewinne zu erzielen 1), und das Preis-Leistungsverhältnis des Geschäftsmodells 2). Der Ansatz ist allgemeingültig und nicht für eine spezielle Industrie entwickelt.

Ausgangsbasis und Zuordnung Der Ansatz von Linder und Cantrell (2000) basiert auf 70 Interviews, auf Fallbeispielen und auf den praktischen Erfahrungen der Autoren. Er lässt sich dem Bereich des strategischen Managements zuordnen.

Detaillierungsebene Linder und Cantrell (2000) gehen nicht detailliert auf die Elemente von Geschäftsmodellen und die Schritte zu deren Entwicklung ein.

Außer der Veränderung implementierter Geschäftsmodelle sind keine nachgelagerten Schritte berücksichtigt.

Entwicklungsrichtungen Linder und Cantrell (2000, S. 12 f.) schlagen folgende Entwicklungsrichtungen vor:

Realisationsmodelle: Realisationsmodelle dienen der Maximierung der Umsätze des existierenden Geschäftsmodells und der Nutzung des vorhandenen Potenzials.

Erneuerungsmodelle: Erneuerungsmodelle dienen der ständigen Veränderung von Produkten/Dienstleistungen, von Marken, von Kostenstrukturen und von Technologien durch die Nutzung von Fähigkeiten.

Erweiterungsmodelle: Erweiterungsmodelle dienen der Expansion des Geschäfts, der Ausweitung des betriebenen Modells und der Integration neuer Märkte/Wertkettenfunktionen.

Entwicklungsmodelle: Entwicklungsmodelle ermöglichen Unternehmen zusätzliche Umsätze durch ein neues Geschäftsmodell.

Generische Geschäftsmodelle In ihrem Beitrag stellen Linder und Cantrell (2000) generische Geschäftsmodelle (Operating Business Models) vor. Diese Geschäftsmodelle wurden auf Basis von Fallbeispielen erarbeitet. Als Ergebnis liegen folgende acht Geschäftsmodelle vor (Linder und Cantrell 2000, S. 7 f.):

Price Model: Der Fokus des Price Models liegt auf dem Preis, der mit unterschiedlichen Komponenten kombiniert wird und somit für Kunden einen Mehrwert darstellt.

Convenience Model: Der Fokus des Convenience Models liegt auf einer schnellen, zuverlässigen und bequemen Verfügbarkeit von Produkten und Dienstleistungen.

Commodity-Plus Model: Das Commodity-Plus Model beinhaltet schwer differenzierbare Produkte und Dienstleistungen, die zusätzliche Dienstleistungen enthalten und somit eine Differenzierung ermöglichen.

Experience Model: Das Experience Model dient der Gestaltung des Verkaufs, der Verkaufsräume und der Marke als Erfahrung/Erlebnis.

Channel Model: Der Fokus liegt bei dem Channel Model auf der Ausgestaltung der Kommunikations- und Vertriebskanäle für Produkte und Dienstleistungen.

Intermediary Model: Das Intermediary Model beinhaltet die Vermittlung von Produkten, von Dienstleistungen und von Informationen.

Trust Model: Das Trust Model basiert auf einem engem Vertrauensverhältnis zwischen den Kunden und dem Anbieter; es sind z. B. die Prozesse, die Lösungen und die Beratung enthalten.

Innovation Model: Das Innovation Model umfasst die Entwicklung und Bereitstellung neuer Produkte und Dienstleistungen, die hohe Verkaufspreise zulassen; das Innovation Model beinhaltet ebenso das Eindringen in neue Märkte. Für diese Geschäftsmodelle erfolgt die Bildung von Untergruppen, deren Kurzbeschreibung und der Nennung von Beispielen. Eine Kombination der Geschäftsmodelle ist ebenfalls möglich (Linder und Cantrell 2000, S. 6).

Metamodell Linder und Cantrell (2000, S. 5) führen auf, dass Nutzenversprechen dazu dienen, Umsätze zu erzielen und diese abzusichern. Daneben führen sie Fragen auf, um Geschäftsmodelle zu beschreiben. Eine genaue Erläuterung der Elemente von Geschäftsmodellen und deren Zusammenhang findet allerdings nicht statt. Auf die Darstellung eines Metamodells wird an dieser Stelle daher verzichtet.

Einbindung von Geschäftsmodell-Umwelt und Strategie Die Erläuterung und die Einbindung der Geschäftsmodell-Umwelt und der Strategie finden nicht statt.

Vorgehensmodell Die Abb. 3 stellt den Ansatz von Linder und Cantrell dar.

Folgende Inhalte werden von Linder und Cantrell (2000, S. 5–13) aufgeführt:

Beschreibung eines bestehenden Geschäftsmodells: In dem ersten Schritt werden die Umsatzquellen und das Nutzenversprechen, das einen kontinuierlichen Umsatzstrom sicherstellt, analysiert. Darauf aufbauend, sind die Elemente identifiziert, die es ermöglichen, das Nutzenversprechen profitabel und kontinuierlich zu erfüllen. Zu diesen Elementen gehören das Liefermodell, das Finanzmodell, die Vermögensgegenstände, die Fähigkeiten, die Beziehungen und das Wissen.

Entwicklung eines neuen Geschäftsmodells: Aufbauend auf dem analysierten Geschäftsmodell, wird ein Geschäftsmodell entwickelt, das Wert schafft und übergeordnete Prinzipien berücksichtigt; somit wird der Erfolg des Geschäftsmodells sichergestellt. Dabei können sich Unternehmen auf folgende zwei Punkte konzentrieren: Die Hauptaktivität des Geschäftsmodells, um Gewinne zu erzielen (z. B. Verkauf von Produkten, Ausgestaltung einer Rolle im Kanal), oder das Preis-Leistungsverhältnis (von hochwertigen Premiumpreisen für Innovationen bis hin zu niedrigen Preisen für standardisierte Angebote).

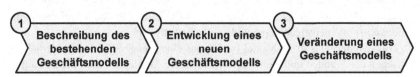

Abb. 3 Ansatz von Linder und Cantrell

Veränderung eines Geschäftsmodells: Die Veränderungen innerhalb des Umfelds eines Geschäftsmodells erfordern wiederum eine Veränderung des Geschäftsmodells, um profitabel zu bleiben.

Techniken und Ergebnisse Techniken, wie ein Geschäftsmodell bzw. die Elemente eines Geschäftsmodells weiterentwickelt werden können, liegen nicht vor. Linder und Cantrell stellen allerdings dar, wie der Zusammenhang zwischen dem Nutzenversprechen, den Umsatzströmen und den ausgeprägten Geschäftsmodell-Elementen mittels eines Wirkungsnetzes visualisiert werden kann.

Zusammenfassung

Linder und Cantrell (2000) formulieren Fragen, die dazu dienen, Geschäftsmodelle zu beschreiben und zu entwickeln. Der Ansatz von Linder und Cantrell konzentriert sich auf die Analyse eines existierenden und die Gestaltung eines neuen Geschäftsmodells. Linder und Cantrell (2000) zeigen Kategorien für existierende Geschäftsmodelle und Möglichkeiten für die Veränderung von Geschäftsmodellen auf. Techniken, wie ein Geschäftsmodell bzw. die Elemente eines Geschäftsmodells weiterentwickelt werden können, liegen nicht vor.

Ansatz von Hamel (2001)

Zielsetzung Hamels Ansatz hat zum Ziel, ein Geschäftsmodell zu entwickeln, das durch seine Anwendung eine Industrie verändert (2001, 2002, S. 73). Der Ansatz ist allgemein beschrieben und daher unabhängig von einer Industrie anwendbar.

Ausgangsbasis und Zuordnung Der Ansatz von Hamel (2002) basiert auf Fallbeispielen, ist praktisch orientiert und lässt sich dem Bereich des strategischen Managements und des Innovationsmanagements zuordnen.

Detaillierungsebene Hamels Ansatz erläutert detailliert die Elemente von Geschäftsmodellen und beschreibt die Schritte zur Entwicklung einzelner Elemente. Nachgelagerte Schritte, wie z. B. die Implementierung, sind nicht detailliert erläutert.

Entwicklungsrichtungen Hamel stellt keine Entwicklungsrichtungen für Geschäftsmodelle vor, sieht aber in jedem der beschriebenen Elemente seines Ansatzes die Möglichkeit der Weiterentwicklung.

Generische Geschäftsmodelle Generische Geschäftsmodelle, die als Ausgangs-basis für die Entwicklung eines neuen Geschäftsmodells dienen, liegen nicht vor.

Metamodell Hamel stellt in seinem Ansatz unterschiedliche Elemente eines Geschäftsmodells vor, die er folgendermaßen beschreibt (2002, S. 74–116):

Strategie: Die Strategie beinhaltet die Geschäftsmission, die Produkt-Markt-Kombination und die Differenzierung gegenüber Wettbewerbern.

Strategische Ressourcen: Die strategischen Ressourcen beinhalten die Kern-kompetenzen, die Vermögensgegenstände und die Kernprozesse.

Konfiguration strategischer Ressourcen: Die Konfiguration strategischer Res-sourcen dient als Bindeglied zwischen der Strategie und den strategischen Res-sourcen, um eine Strategie umzusetzen.

Kundenkontakt: Der Kundenkontakt enthält die Kanäle, die Kundenunterstüt-zung, die Kundeninformationen, die Kundenbeziehung und die Preisstruktur.

Kundennutzen: Der Kundennutzen dient als ein Bindeglied zwischen der Stra-tegie und dem Kundenkontakt. Der Kundennutzen ist aus Kundenbedürfnissen abgeleitet, die befriedigt werden sollen.

Wertnetzwerk: Das Wertnetzwerk besteht aus den Lieferanten, den Partnern und den Koalitionen.

Unternehmensgrenzen: Die Unternehmensgrenzen sind das Bindeglied zwi-schen den strategischen Ressourcen und dem Wertnetzwerk. Hierbei wird festge-legt, welche Aktivitäten das Unternehmen ausführt und welche Aktivitäten Externe ausführen.

Potenzial: Das Potenzial beinhaltet die Effizienz (Geschäftsmodelle müssen Gewinne erzielen), die Passung (Geschäftsmodell-Elemente müssen zusammen passen und sich gegenseitig verstärken) und den Gewinnverstärker (steigende Umsätze, Ausschluss von Wettbewerbern, strategische Einsparungen, strategische Flexibilität).

Das Metamodell mit Objekten des Ansatzes von Hamel (2002) ist in Abb. 4 dargestellt.

Hierbei ist das Geschäftsmodell-Element Potenzial nicht berücksichtigt, da kei-ne Beziehungen zu anderen Geschäftsmodell-Elementen aufgeführt sind.

Einbindung von Geschäftsmodell-Umwelt und Strategie Hamel erläutert nicht explizit die Geschäftsmodell-Umwelt, sieht aber in der Gestaltung der Geschäfts-modell-Umwelt durch Unternehmen eine Wachstums-Chance (Hamel, 2002, S. 123). Die Strategie eines Unternehmens hingegen integriert Hamel in seinen Ansatz und sieht darin die Festlegung, wie ein Unternehmen im Wettbewerb agie-ren möchte (Hamel 2002, S. 74).

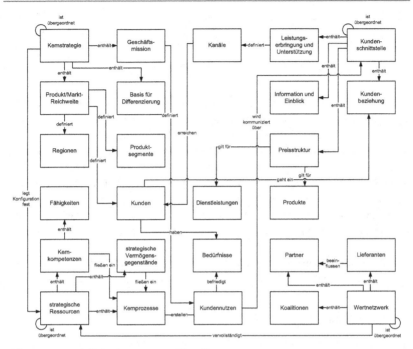

Abb. 4 Metamodell des Ansatzes von Hamel

Vorgehensmodell Hamel schlägt, entlang seiner beschriebenen Komponenten, acht Schritte vor, die in Abb. 5 dargestellt sind.

Die oben aufgeführten Schritte sind in den ersten der folgenden Schritte integriert (Hamel 2001, S. 7, 2002, S. 190–206):

Analyse des Standpunkts: Welche Veränderungen sind erkennbar? Welche Möglichkeiten ergeben sich daraus für das Unternehmen? Welches Geschäftsmodell[1] kann diese Veränderungen gewinnbringend nutzen?

Ausarbeitung einer Erklärung: Die Ausarbeitung einer Erklärung dient dazu, Ideen zu kommunizieren und die Handlungsnotwendigkeit sowie die Kundenbedürfnisse aufzuzeigen.

Aufbau einer Koalition: Der Aufbau einer Koalition dient dazu, die internen Interessengruppen davon zu überzeugen, das Geschäftsmodell umzusetzen.

Festlegung von Zielpersonen und geeigneten Zeitpunkten: Dieser Schritt dient dazu, die Entscheidungsträger innerhalb eines Unternehmens zu erkennen.

---

[1] Hamel (2002) verwendet den Begriff Geschäftskonzept und Geschäftsmodell synonym.

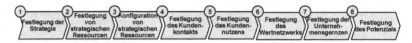

Abb. 5 Schritte zur Geschäftsmodell-Innovation nach Hamel

Integration: Die Integration dient dazu, durch Win-Win-Positionen das Vorhaben zu unterstützen und andere Interessengruppen zu integrieren.

Übersetzer finden: In diesem Schritt werden Mitarbeiter gefunden, die von der Idee begeistert sind; diese Mitarbeiter können besser bzw. auf eine andere Art mit Entscheidungsträgern kommunizieren und unterstützen somit die Idee.

Früh und oft gewinnen: Zielsetzung ist es hierbei, im Kleinen zu beginnen und aufzuzeigen, dass neue Ideen erfolgreich sind.

Abgrenzen, Eindringen und Integrieren: In diesem Schritt wird das Experiment in die Realität umgesetzt.

Techniken und Ergebnisse Techniken, wie ein Geschäftsmodell bzw. die Elemente eines Geschäftsmodells weiterentwickelt werden können, liegen nicht vor.

Zusammenfassung

Hamel (2002) stellt ein Beschreibungsraster für Geschäftsmodelle vor. Die von Hamel vorgeschlagenen Schritte eignen sich dazu, Geschäftsmodelle auf Basis einer Strategie zu entwickeln. Der Ansatz von Hamel konzentriert sich somit auf die Gestaltung von Geschäftsmodellen. Spezielle Techniken, wie ein Geschäftsmodell bzw. die Elemente eines Geschäftsmodells entwickelt werden können, liegen nicht vor.

Ansatz von Papakiriakopoulos et al. (2001)

Zielsetzung Papakiriakopoulos et al. (2001) stellen einen Ansatz vor, um ein E-Business-Geschäftsmodell auf Basis relevanter Interessengruppen aufzubauen. Der Ansatz ist speziell für E-Business-Models entwickelt worden; dieser ist allerdings auch für andere Industrien anwendbar.

Ausgangsbasis und Zuordnung Der Ansatz von Papakiriakopoulos et al. (2001) ist theoretisch fundiert und enthält ein Fallbeispiel. Die theoretische Fundierung erfolgt über die Integration bestehender Ansätze in die jeweiligen Schritte. Der Ansatz ist dem Informationsmanagement zuzuordnen.

Detaillierungsebene Papakiriakopoulos et al. (2001) bieten keine detaillierte Beschreibung von Geschäftsmodell-Elementen oder von Schritten der Entwicklung von Geschäftsmodellen.

Entwicklungsrichtungen Papakiriakopoulos et al. (2001) schlagen für die Entwicklung von Geschäftsmodellen zwei Richtungen vor, um Wert zu schaffen. Market Pull orientiert sich an den Bedürfnissen des Marktes/der Kunden und adaptiert bzw. entwickelt neue Technologien. Es erfolgt zunächst die Nutzung von Marktchancen und dann die die Entwicklung von Technologien. Technology Push hingegen hat die Entwicklung neuer Technologien im Fokus und nutzt anschließend Marktchancen, um entwickelte Technologien abzusetzen (Papakiriakopoulos et al. 2001, S. 452 f.).

Generische Geschäftsmodelle Generische Geschäftsmodelle, die als Ausgangsbasis für die Entwicklung eines neuen Geschäftsmodells dienen, liegen nicht vor.

Metamodell Papakiriakopoulos et al. schlagen die folgenden Elemente von Geschäftsmodellen vor (2001, S. 449 f.):

- Koordination von Aktivitäten und Ressourcen
- kollektiver Wettbewerb durch Kooperationen
- Wettbewerbsdifferenzierung durch Kundennutzen
- Kernkompetenzen zur Erzielung von Kundenzufriedenheit.

Diese Elemente erläutern sie grob, zeigen aber nicht auf, wie sich der Zusammenhang der Elemente gestaltet. Aus diesem Grund erfolgt an dieser Stelle keine Darstellung eines Metamodells.

Einbindung von Geschäftsmodell-Umwelt und Strategie Papakiriakopoulos et al. binden die Geschäftsmodell-Umwelt (eines E-Business-Geschäftsmodells) ein, indem sie die Technologie, die Markttreiber und die Interessengruppen analysieren (2001, S. 449, S. 453). Die Einbindung der Strategie eines Unternehmens findet nicht statt.

Vorgehensmodell Die Schritte des Ansatzes von Papakiriakopoulos et al. sind in Abb. 6 dargestellt.
    Papakiriakopoulos et al. schlagen innerhalb der Schritte folgende Inhalte vor (2001, S. 453–457):

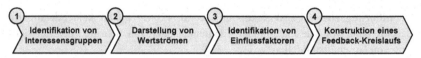

Abb. 6 Ansatz von Papakiriakopoulos et al

- Identifikation von Interessengruppen: Die Identifikation von Interessengruppen dient dazu, den Kontext des Geschäftsmodells zu analysieren. Hierfür erfolgen die Identifikation relevanter Interessengruppen des Geschäftsmodells und die Festlegung der Reichweite des Geschäftsmodells.
- Darstellung von Wertströmen: Bei der Darstellung von Wertströmen werden Beziehungen von Interessengruppen zueinander beschrieben und dazugehörige Wertströme analysiert.
- Identifikation von Einflussfaktoren: In diesem Schritt werden die Einflussfaktoren im Markt (Wettbewerbskräfte) und die Rollen der Interessengruppen identifiziert, um die Position der jeweiligen Interessensgruppe festzulegen.
- Konstruktion eines Feedback-Kreislaufs: Die Konstruktion eines Feedback-Kreislaufs erfolgt, um entlang der Wertschöpfungskette Informationen zu sammeln.

Techniken und Ergebnisse Techniken, wie ein Geschäftsmodell bzw. die Elemente eines Geschäftsmodells weiterentwickelt werden können, liegen nicht vor.

Zusammenfassung

Papakiriakopoulos et al. (2001) bieten eine grobe Beschreibung der Elemente von Geschäftsmodellen und konzentrieren sich in ihrem Ansatz auf die Wertschöpfungskette einer Industrie und die darin enthaltenen Interessengruppen. Weiterentwicklungsperspektiven liegen nicht vor.

Ansatz von Mitchel und Coles (2004)

Zielsetzung Mitchel und Coles (2004, S. 40) möchten mit ihrem Ansatz neue Geschäftsmodelle entwickeln, um eine bessere Wettbewerbsposition zu erzielen. Der Ansatz von Mitchel und Coles (2004) ist allgemeingültig.

Ausgangsbasis und Zuordnung Die Ausführungen von Mitchel und Coles (2004) basieren auf der Analyse von Fallbeispielen und praktischen Erfahrungen der Autoren. Der Ansatz von Mitchel und Coles ist dem Bereich des strategischen Managements und des Innovationsmanagements zuzuordnen.

Detaillierungsebene Es liegt keine detaillierte Beschreibung des Ansatzes von Mitchel und Coles (2004) vor. Die Schritte des Vorgehensmodells reichen bis zur Implementierung eines neuen Geschäftsmodells.

Entwicklungsrichtungen Die Entwicklungsrichtungen für Geschäftsmodelle liegen nicht vor. Mitchel und Coles (2004, S. 48 f.) stellen aber Möglichkeiten vor, wie sich Unternehmen verhalten können, um ihr Geschäftsmodell zu verändern.

Generische Geschäftsmodelle Generische Geschäftsmodelle, die als Ausgangsbasis für die Entwicklung eines neuen Geschäftsmodells dienen, liegen nicht vor.

Metamodell Mitchel und Coles (2003, S. 15, 2004, S. 41) erläutern, dass ein Geschäftsmodell aus Elementen besteht, die aussagen, wer, was, wann, wo, wie, und wie viel liefert, um Kundennutzen zu stiften.

Eine genauere Erläuterung der Elemente und ihrer Zusammenhänge findet nicht statt, weshalb an dieser Stelle kein Metamodell dargestellt ist.

Einbindung von Geschäftsmodell-Umwelt und Strategie Die Einbindung der Geschäftsmodell-Umwelt und der Strategie ist in dem Ansatz von Mitchel und Coles (2004) nicht erläutert.

Vorgehensmodell In Abb. 7 sind die Schritte des Ansatzes von Mitchel und Coles dargestellt.

Mitchel und Coles (2004, S. 43) beschreiben die Schritte wie folgt:

Verstehen und optimale Anwendung des aktuellen Geschäftsmodells: In dem ersten Schritt werden die Produkte und die Dienstleistungen auf eine geeignete Art und Weise bereitgestellt.

Aufbau, Verständnis und Verfolgen einer Vision für Geschäftsmodell-Innovation: Der zweite Schritt umfasst die Identifikation des idealen Nutzens (Vision für Geschäftsmodell-Innovation), der für alle Interessengruppen erbracht werden soll.

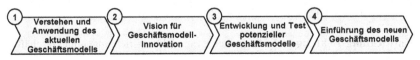

Abb. 7 Ansatz von Mitchel und Coles

Diese Vision dient als Leitlinie für die zukünftigen Geschäftsmodell-Entwicklungen.

Entwicklung und Test potenzieller Geschäftsmodelle: In dem dritten Schritt sollen potenzielle Geschäftsmodelle bei Interessengruppen getestet und anschließend auf deren Erfüllung hinsichtlich der Geschäftsmodell-Vision geprüft werden.

Einführung des Geschäftsmodells: In diesem Schritt wird das neue Geschäftsmodell eingeführt, das Verbesserungen in der Generierung von Nutzen für Kunden enthält.

Techniken und Ergebnisse Techniken, wie ein Geschäftsmodell bzw. die Elemente eines Geschäftsmodells weiterentwickelt werden können, liegen nicht vor.

Zusammenfassung

Mitchel und Coles (2004) bieten ein Beschreibungsraster für Geschäftsmodelle. Der Ansatz konzentriert sich auf die Analyse eines existierenden und die Gestaltung eines neuen Geschäftsmodells.

Ansatz von Osterwalder et al. (2005; Osterwalder 2004)

Zielsetzung Osterwalder et al. möchten auf Basis von Marktveränderungen neue Geschäftsmodelle entwickeln und diese implementieren (Osterwalder et al. 2005, S. 11). Der Ansatz ist nicht für eine bestimmte Industrie erstellt und somit allgemeingültig.

Ausgangsbasis und Zuordnung Der Ansatz von Osterwalder et al. (2005) basiert auf bestehenden Ansätzen, ist theoretisch fundiert und beinhaltet hauptsächlich die Ausführungen der Dissertation von Osterwalder, die er 2004 verfasst hat. Der Ansatz ist dem Informationsmanagement und dem strategischen Management zuzuordnen.

Detaillierungsebene Der Ansatz von Osterwalder et al. (2005) und von Osterwalder (2004) beinhaltet eine detaillierte Beschreibung der Geschäftsmodell-Elemente und deren Entwicklung. Neben der Entwicklung sind die Finanzierung und die Implementierung eines Geschäftsmodells berücksichtigt.

Entwicklungsrichtungen Es liegen keine Entwicklungsrichtungen für Geschäftsmodelle vor.

Generische Geschäftsmodelle Generische Geschäftsmodelle, die als Ausgangs-basis für die Entwicklung eines neuen Geschäftsmodells dienen, liegen nicht vor. Osterwalder beschreibt aber bestehende generische Geschäftsmodelle anderer Autoren (2004, S. 26–30).

Metamodell Osterwalder (2004) beschreibt in seinem Ansatz ausführlich die Geschäftsmodell-Elemente, deren Zusammenhang und die Vorgehensweise zu deren Entwicklung. Die Abb. 8 zeigt die wichtigsten Elemente von Osterwalder auf. Osterwalder beschreibt die Elemente folgendermaßen (2004, S. 43):

- Nutzenversprechen: Das Nutzenversprechen beinhaltet alle Produkte und Dienstleistungen, die für Kunden einen Nutzen darstellen.
- Zielkunden: Die Zielkunden sind Kunden, für die ein Unternehmen Nutzen stiften möchte.
- Distributionskanal: Der Distributionskanal dient dazu, mit Kunden in Kontakt zu treten.
- Beziehung: Die Beziehung beschreibt, welche Verbindung das Unternehmen mit dem Kunden eingeht.
- Wertkonfiguration: Innerhalb der Wertkonfiguration sind die Aktivitäten und Ressourcen beschrieben, die notwendig sind, um Wert für Kunden zu erzeugen.
- Fähigkeit: Die Fähigkeiten dienen dazu, für Kunden wiederholbar einen Wert zu erzeugen.
- Partnerschaft: Eine Partnerschaft ist eine freiwillige Vereinbarung von zwei oder mehr Unternehmen, um für Kunden Wert zu schaffen.
- Kostenstruktur: Innerhalb der Kostenstruktur erfolgt die Auflistung aller Kosten, die durch den Betrieb des Geschäftsmodells entstehen.
- Umsatzmodell: Das Umsatzmodell beschreibt die Umsatzströme des Unternehmens.

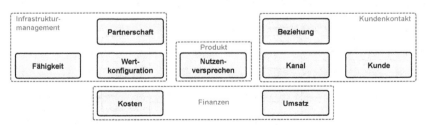

Abb. 8 Hauptelemente von Geschäftsmodellen nach Osterwalder (in Anlehnung an Oster-walder 2004, S. 44)

Im Rahmen der detaillierten Beschreibung der Elemente geht Osterwalder auch auf deren Zusammenhang ein, den er textlich und graphisch erläutert (Osterwalder 2004, S. 44–102). Die Abb. 9 stellt das Metamodell mit Objekten des Ansatzes von Osterwalder dar.

Einbindung von Geschäftsmodell-Umwelt und Strategie Osterwalder berücksichtigt den indirekten Einfluss der Geschäftsmodell-Umwelt auf ein Geschäftsmodell. Zu der Geschäftsmodell-Umwelt zählen das soziale und das rechtliche Umfeld, die technologischen Veränderungen, die Kundenanforderungen und die Wettbewerbskräfte. Diese Umwelt beeinflusst zunächst die Strategie, die Organisation sowie die Informations- und Kommunikationstechnologie eines Unternehmens, was sich wieder auf ein Geschäftsmodell auswirkt (Osterwalder 2004, S. 16). Osterwalder sieht in einem Geschäftsmodell die Übersetzung der Strategie in Form eines Nutzenversprechens, in Form von Kundenbeziehungen und in Form von Netzwerken. Die Einbindung der Strategie findet somit bei der Gestaltung einzelner Geschäftsmodell-Elemente statt.

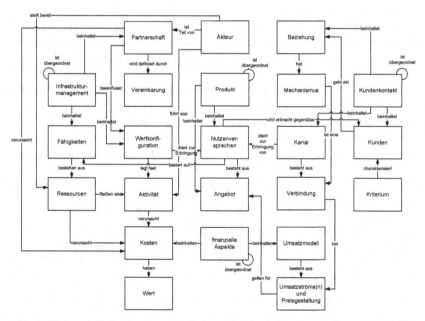

Abb. 9 Metamodell des Ansatzes von Osterwalder (in Anlehnung an Osterwalder 2004, S. 44–102)

Vorgehensmodell Die Abb. 10 stellt die von Osterwalder et al. (2005) vorgeschlagenen Schritte dar.

Die Inhalte der Schritte zur Entwicklung und Implementierung eines Geschäftsmodells sind folgende (Osterwalder et al. 2005, S. 8):

* Gestaltung des Geschäftsmodells: In Abhängigkeit von den Marktgegebenhei-
  ten gestaltet die Geschäftsleitung eines Unternehmens ein Geschäftsmodell.
* Finanzierung des Geschäftsmodells: Die Geschäftsleitung arbeitet ein Finanzie-
  rungskonzept (intern, extern) für das Geschäftsmodell aus.
* Implementierung des Geschäftsmodells: Das Geschäftsmodell wird in die
  Unternehmensstruktur und in die Unternehmensprozesse implementiert.

Neben den Schritten, ein Geschäftsmodell zu entwickeln und zu implementieren,
führen Osterwalder et al. (2005, S. 11–16) folgende Funktionen von Geschäftsmodellen auf, die ebenfalls als Abfolge von Schritten verstanden werden:

* Verstehen und Teilen: Diese Funktion beinhaltet die Erfassung des bestehenden
  Geschäftsmodells, um ein gemeinsames Verständnis für alle Interessengruppen
  eines Unternehmens sicherzustellen. Dieses Verständnis wird durch eine Visua-
  lisierung der Beziehungen der Elemente untereinander unterstützt.
* Analysieren: Diese Funktion dient dazu, ein Geschäftsmodell mittels Indikato-
  ren zu messen, um es zu steuern. Aufgrund interner und externer Veränderungen verändert sich auch ein Geschäftsmodell; daher ist es ebenfalls relevant,
  zu wissen, welche Geschäftsmodell-Elemente sich im Laufe der Zeit verändert
  haben. Daneben ist es möglich, das eigene Geschäftsmodell mit dem von Wettbewerbern zu vergleichen, um somit neue Ideen für die Weiterentwicklung zu
  gewinnen.
* Steuern: Diese Funktion enthält das Design, die Planung, die Veränderung und
  die Implementierung eines Geschäftsmodells. Hierbei ist es wichtig, auf Marktveränderungen zu reagieren und eine Verbesserung der Entscheidungsfindung
  hinsichtlich der Ausgestaltung des Geschäftsmodells zu ermöglichen.

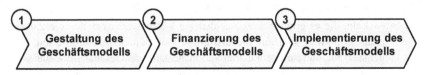

Abb. 10 Ansatz von Osterwalder et al. (in Anlehnung an Osterwalder et al. 2005, S. 8)

- Ausblick: Diese Funktion enthält die Innovation von Geschäftsmodellen, um unterschiedliche Kombinationen von Geschäftsmodell-Elementen zu gewinnen. Erarbeitete Geschäftsmodelle sollen in einem Geschäftsmodell-Portfolio vorgehalten werden, um auf Veränderungen reagieren zu können. Mittels Simulationen und Tests von Geschäftsmodellen werden Experimente zu geringen Kosten durchgeführt.
- Patentierung: Die Patentierung ist notwendig, um das Geschäftsmodell zu schützen.

Techniken und Ergebnisse Osterwalder (2004, S. 52) führt den Value-Innovation-Ansatz von Kim und Mauborgne (2002) auf, um das Angebot eines Geschäftsmodells zu gestalten. Als Ergebnis liegen Produkte und Dienstleistungen vor, die anhand des Nutzens für Kunden ausgestaltet sind. Den Customer Buying Cycle stellt Osterwalder (2004, S. 66 f.) vor, um entlang des Kaufprozesses aus Kundensicht die relevanten Kanäle auszugestalten. Als Ergebnis liegt eine Übersicht zu Kanälen eines Geschäftsmodells vor; die Kanäle sind mit ihren Inhalten beschrieben und zu den Phasen innerhalb des Kaufprozesses aus Kundensicht zugeordnet. Als weitere Technik führt Osterwalder die Wertschöpfungskette innerhalb des Unternehmens auf. Somit liegen als Ergebnis notwendige Aktivitäten, eingesetzte Ressourcen und Verantwortlichkeiten vor, die zur Erfüllung des Nutzenversprechens dienen (Osterwalder 2004, S. 86 f.).

Zusammenfassung

Die Objekte des Ansatzes sind detailliert beschrieben und graphisch dargestellt. Der Ansatz konzentriert sich auf die Gestaltung eines neuen Geschäftsmodells in Abhängigkeit von den Marktgegebenheiten. Techniken, wie ein Geschäftsmodell bzw. die Elemente eines Geschäftsmodells weiterentwickelt werden können, liegen vor.

Ansatz von Voelpel et al. (2004)

Zielsetzung Voelpel et al. (2004, S. 259) haben zum Ziel, neue Geschäftsmodelle zu entwickeln, die es ermöglichen, nachhaltige Wettbewerbsvorteile zu erzielen. Der Ansatz fokussiert sich auf die disruptive Geschäftsmodell-Innovation, die im Gegensatz zur inkrementellen Innovation bestehende Geschäftsmodelle verdrängt. Der Ansatz ist allgemeingültig und somit unabhängig von einer Industrie anwendbar.

Ausgangsbasis und Zuordnung Der Ansatz von Voelpel et al. (2004) basiert auf der gängigen Literatur zu Geschäftsmodellen und Fallbeispielen. Aufgrund seiner Ausrichtung lässt sich der Ansatz dem strategischen Management zuordnen.

Detaillierungsebene Der Ansatz enthält die Beschreibung von Geschäftsmodell-Elementen und Möglichkeiten, Geschäftsmodelle zu innovieren. Eine detaillierte Beschreibung der Vorgehensweise und der eingesetzten Techniken fehlt allerdings, und weitere Schritte außer der Analyse liegen nicht vor.

Entwicklungsrichtungen Voelpel et al. (2004, S. 268) stellen folgende Entwicklungsrichtungen vor, die im Rahmen der Innovation von Geschäftsmodellen eingeschlagen werden können:

- Veränderung des Nutzenversprechens
- Rekonfiguration des Unternehmens-Netzwerks und der Wertschöpfungskette
- Rekonfiguration der Unternehmensstrategie und der Fähigkeiten eines Unternehmens
- Wissensmanagement und Nutzung neuer Chancen.

Eine genaue Erläuterung, wie diese Möglichkeiten umgesetzt werden, fehlt.

Generische Geschäftsmodelle Generische Geschäftsmodelle, die als Ausgangsbasis für die Entwicklung eines neuen Geschäftsmodells dienen, liegen nicht vor.

Metamodell Der Ansatz von Voelpel et al. (2004) beinhaltet die in Abb. 11 dargestellten Geschäftsmodell-Elemente.
Diese Elemente basieren auf der Analyse von Literaturquellen, die Voelpel et al. (2004) kurz erläutern. Eine genaue Erläuterung der Elemente findet nicht statt. Aus diesem Grund ist es auch an dieser Stelle nicht möglich, ein Metamodell zu erstellen.

Einbindung von Geschäftsmodell-Umwelt und Strategie Voelpel et al. (2004, S. 263) erwähnen zwar, dass die Umwelt eines Unternehmens für die Entwicklung von Geschäftsmodellen relevant ist, integrieren diese aber nicht in ihren Ansatz. Die Analyse neuer Technologien und deren Einfluss auf neue Nutzenversprechen finden allerdings statt (Voelpel et al. 2004, S. 268 f.). Die aufgezeigten Entwicklungsrichtungen sehen Voelpel et al. als strategische Ansätze (Voelpel 2004, S. 266), zeigen aber in ihrem Ansatz keine Einbindung der Strategie auf.

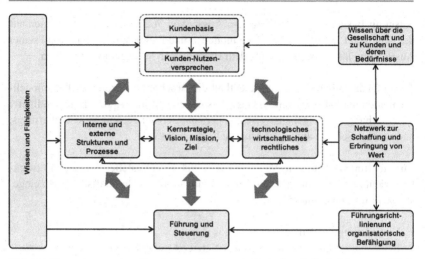

Abb. 11 Hauptelemente von Geschäftsmodellen nach Voelpel et al. (in Anlehnung an Voelpel et al. 2004, S. 262)

Vorgehensmodell Analog zu den Entwicklungsrichtungen stellen Voelpel et al. (2004) Schritte dar, die in Abb. 12 aufgezeigt sind.

Voelpel et al. (2004, S. 269 f.) schlagen folgende Inhalte vor:

- Analyse von Kunden: Dieser Schritt untersucht die Veränderung des Kundenverhaltens und erhebt neue Nutzenversprechen.
- Analyse von Technologien: Dieser Schritt untersucht die Stärke, die Richtung und den Einfluss von Technologie auf das Nutzenversprechen.
- Analyse der Unternehmensinfrastruktur: Dieser Schritt untersucht die Veränderung der Infrastruktur und der organisationalen Strukturen.
- Analyse der Wirtschaftlichkeit: Dieser Schritt untersucht die Wirtschaftlichkeit der vorgeschlagenen Geschäftsmodelle.

Analog zu den Entwicklungsrichtungen liegt keine detaillierte Beschreibung des Vorgehensmodells vor.

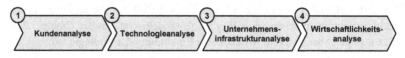

Abb. 12 Ansatz von Voelpel et al. (in Anlehnung an Voelpel et al. 2004, S. 270)

Techniken und Ergebnisse Techniken, wie ein Geschäftsmodell bzw. die Elemente eines Geschäftsmodells weiterentwickelt werden können, liegen nicht vor.

Zusammenfassung

Voelpel et al. (2004) erläutern die Elemente von Geschäftsmodellen und schlagen Schritte vor, die sich auf die Analyse unterschiedlicher Dimensionen eines Geschäftsmodells konzentrieren. Sie stellen allerdings keine Techniken vor, um diese Dimensionen herzuleiten, und beschreiben das Vorgehensmodell nicht detailliert.

Ansatz von Chesbrough (2007)

Zielsetzung Die Zielsetzung des Ansatzes von Chesbrough ist die Analyse des Reifegrads bzgl. der Offenheit des Geschäftsmodells gegenüber externen Ideen und Technologien. Der Reifegrad dient zur Identifikation des Entwicklungspotenzials und zur Festlegung weiterführender Schritte (Chesbrough 2007, S. 13). Der Ansatz von Chesbrough ist allgemeingültig.

Ausgangsbasis und Zuordnung Der Ansatz von Chesbrough (2007) basiert auf Fallbeispielen und den praktischen Erfahrungen des Autors und lässt sich dem Innovationsmanagement zuordnen. Diese Zuordnung begründet sich dadurch, dass die Erhöhung der Innovationsfähigkeit eines Unternehmens durch die Öffnung des eigenen Geschäftsmodells ermöglicht wird (Chesbrough 2007, S. 15).

Detaillierungsebene Die unterschiedlichen Reifegrade eines Geschäftsmodells hinsichtlich seiner Offenheit werden von Chesbrough detailliert beschrieben. Die Schritte, die nötig sind, um ein Geschäftsmodell zu innovieren, werden ebenso beschrieben. Chesbrough betrachtet auch die Implementierung und die Leitung (Führung) des Geschäftsmodells.

Entwicklungsrichtungen Chesbrough stellt keine unterschiedlichen Optionen für Entwicklungsrichtungen vor, sondern empfiehlt die Gestaltung eines Geschäftsmodells als adaptive Plattform (siehe Techniken und Ergebnisse).

Generische Geschäftsmodelle Generische Geschäftsmodelle, die als Ausgangsbasis für die Entwicklung eines neuen Geschäftsmodells dienen, liegen nicht vor.

Metamodell Chesbrough (2007, S. 13) führt folgende Elemente eines Geschäfts-modells auf:

- Nutzenversprechen: Das Nutzenversprechen umfasst den Nutzen, der für Kunden durch das Angebot geschaffen wird.
- Marktsegment: Das Marktsegment enthält alle Kunden, für die das Angebot nützlich ist.
- Wertschöpfungskette: Die Wertschöpfungskette enthält die Struktur der Aktivitäten, die notwendig ist, um das Angebot zu erstellen und dieses an Kunden zu verteilen. Die Position innerhalb der Wertschöpfungskette beeinflusst die notwendigen Vermögensgegenstände innerhalb des Geschäftsmodells.
- Umsatzmechanismus, Kostenstruktur und Profit-Potenzial des Angebots: Der Umsatzmechanismus, die Kostenstruktur und das Profit-Potenzial des Angebots werden durch das Nutzenversprechen und die Struktur der Wertschöpfungskette beeinflusst.
- Wertnetzwerk: Das Wertnetzwerk besteht aus den Kunden und den Lieferanten; das Unternehmen ist ebenfalls ein Teil des Wertnetzwerks.
- Wettbewerbsstrategie: Die Wettbewerbsstrategie legt fest, wie die Vorteile gegenüber Wettbewerbern aufgebaut werden und wie diese Vorteile erhalten werden.

Das Metamodell mit den Objekten des Ansatzes von Chesbrough (2007) ist in Abb. 13 aufgeführt.

Einbindung von Geschäftsmodell-Umwelt und Strategie Chesbrough zeigt keine Geschäftsmodell-Umwelt auf und erläutert auch keine Verknüpfung der Geschäftsmodell-Umwelt zum Geschäftsmodell. Chesbrough sieht allerdings die Wettbewerbsstrategie als Teil eines Geschäftsmodells (2007, S. 13), die den Aufbau und den Erhalt von Wettbewerbsvorteilen festlegt.

Vorgehensmodell Chesbrough führt die in Abb. 14 dargestellten Schritte auf, um ein Geschäftsmodell zu innovieren.

Die Schritte sind folgendermaßen definiert (Chesbrough 2007, S. 15–17):

- Analyse des Reifegrads: Die Analyse des Reifegrads gibt Auskunft darüber, auf welcher Reifegradstufe sich das Geschäftsmodell (hinsichtlich der Öffnung gegenüber externen Ideen und Technologien) befindet.
- Durchführung von Experimenten: Zur Durchführung von Experimenten muss ein Bereichsleiter autorisiert werden; dieser definiert Geschäftsmodell-Experimente und setzt diese um.

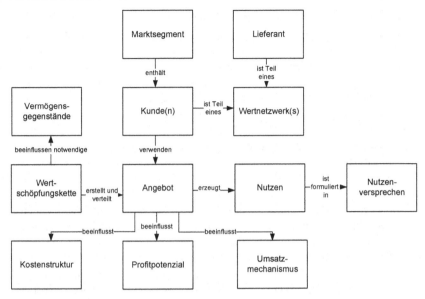

Abb. 13 Metamodell des Ansatzes von Chesbrough

- Gewinnung von Daten: Die Gewinnung von Daten zu Experimenten dient dazu, zu entscheiden, welche Experimente weitergeführt werden sollen.
- Anwendung des neuen Geschäftsmodells: Die Anwendung des Geschäftsmodells dient dazu, zu prüfen, ob das Geschäftsmodells auch in der Breite anwendbar ist.
- Leitung des neuen Geschäftsmodells.

Techniken und Ergebnisse Techniken, wie ein Geschäftsmodell bzw. die Elemente eines Geschäftsmodells weiterentwickelt werden können, liegen nicht vor. Chesbrough stellt allerdings ein Analyseraster zur Verfügung, um den Reifegrad eines Geschäftsmodells zu messen. Die jeweiligen Reifegrade sind in sog. Typen charakterisiert (Chesbrough 2007, S. 13–15):

Abb. 14 Schritte zur Geschäftsmodell-Innnovation nach Chesbrough

- Typ 1: Das Geschäftsmodell des Unternehmens ist undifferenziert, nicht arti-kuliert, und es liegt kein Prozess vor, um das Geschäftsmodell zu steuern. Der Wettbewerb erfolgt hauptsächlich über die Preise und über die Verfügbarkeit von Produkten und Dienstleistungen.
- Typ 2: Das Geschäftsmodell und dessen Produkte sowie Dienstleistungen sind, im Vergleich zu Geschäftsmodellen des Typ 1, differenzierend. Diese Differen-zierung beinhaltet unterschiedliche Geschäftsmodelle und ermöglicht es, unter-schiedliche Markt- und Kundensegmente zu bedienen. Einem Unternehmen fehlen evtl. die Ressourcen und das Durchhaltevermögen, um kontinuierlich in Innovationen zu investieren und diese differenzierte Position aufrechtzuerhal-ten.
- Typ 3: Das Unternehmen entwickelt ein segmentspezifisches Geschäftsmodell, das es ermöglicht, in unterschiedlichen Segmenten zu agieren; es wird ein grö-ßerer Markt bedient, und höhere Profite werden erzielt. Durch Marktverände-rungen und neue Technologien, die sich außerhalb der eigenen Innovationsakti-vitäten befinden, ist das Geschäftsmodell dennoch angreifbar.
- Typ 4: Das Geschäftsmodell wird extern wahrgenommen, und das Unterneh-men hat begonnen, sich gegenüber externen Ideen und Technologien zu öffnen. Kooperationen ermöglichen einerseits, bessere Kenntnisse über Marktanfor-derungen zu erlangen, und andererseits diese Marktanforderungen zu erfüllen; somit werden Entwicklungskosten und -zeiten reduziert sowie eine Risikover-teilung ermöglicht.
- Typ 5: Die Lieferanten und die Kunden haben einen Zugang zu dem Innova-tionsprozess des Unternehmens; Unternehmen gewinnen somit Einblick in zu-künftige Kundenanforderungen. Die Unternehmen verstehen die Lieferkette (bis zu Rohmaterialien) und erkennen technische Verschiebungen und Möglich-keiten für Kostenreduktionen. Alternative Vertriebswege und Konfigurationen des Geschäftsmodells werden getestet.
- Typ 6: Das Geschäftsmodell eines Unternehmens ist eine adaptierbare Platt-form. Es wird z. B. Risikokapital des Unternehmens genutzt, um neue Ge-schäftsmodelle in kleinen Start-ups zu testen; andere Unternehmen verwenden Spin-Offs und Joint Ventures, um neuen Technologien außerhalb ihres bestehen-den Geschäftsmodells zu kommerzialisieren. Mit Hauptkunden und -lieferanten wird das technische und wirtschaftliche Risiko geteilt; die Geschäftsmodelle von Lieferanten werden in den eigenen Planungsprozessen berücksichtigt. Im Gegensatz dazu hat das eigene Unternehmen sein Geschäftsmodell in das Ge-schäftsmodell von Kunden integriert.

Als Ergebnis liegt der Reifegrad des Geschäftsmodells hinsichtlich seiner Offenheit gegenüber externen Ideen und Technologien vor.

Zusammenfassung

Chesbrough definiert die Elemente eines Geschäftsmodells. Die vorgestellten Schritte eignen sich, um den Reifegrad eines Geschäftsmodells hinsichtlich des Grads der Öffnung des Geschäftsmodells gegenüber Externen (z. B. Lieferanten und Kunden) zu messen. Der Ansatz konzentriert sich somit auf die Analyse eines bestehenden Geschäftsmodells. Außer der Beschreibung unterschiedlicher Geschäftsmodell-Reifegrade sind in den Ausführungen keine Techniken zur Innovation von Geschäftsmodellen enthalten.

Ansatz von Giesen et al. (2007)

Zielsetzung In dem Ansatz von Giesen et al. (2007, S. 32) wird analysiert, welche Fähigkeiten notwendig sind, um erfolgreich zu sein. Mittels des Aufbaus von Fähigkeiten ist es für Unternehmen möglich, Geschäftsmodell-Innovation zu betreiben. Der Ansatz von Giesen et al. (2007) ist allgemeingültig und generell anwendbar.

Ausgangsbasis und Zuordnung Der Ansatz von Giesen et al. (2007, S. 27) basiert auf den praktischen Erfahrungen der Autoren, auf der Literatur und auf einer Studie (765 Interviews und 35 Fallbeispiele), die 2006 von IBM durchgeführt wurde. Giesen et al. sehen in den abgeleiteten generischen Geschäftsmodellen mögliche Strategien, um als Unternehmen erfolgreich zu sein (2007, S. 27). Daher ist der Ansatz dem strategischen Management zuzuordnen.

Detaillierungsebene Für Geschäftsmodelle liegt kein Beschreibungsraster vor, und der Ansatz von Giesen et al. (2007) ist nicht detailliert beschrieben. Giesen et al. berücksichtigen in ihrem Ansatz die Analyse eines Geschäftsmodells, gehen allerdings nicht auf weitere Schritte ein.

Entwicklungsrichtungen Giesen et al. stellen drei Entwicklungsrichtungen vor, die miteinander kombinierbar sind (2007, S. 27 f.):

- Industriemodell: Bei dem Industriemodell geht es darum, die Industriewertschöpfungskette zu innovieren, was über die Aktivität in einer neuen Industrie,

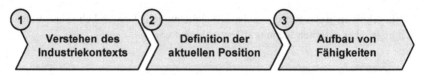

Abb. 15 Schritte zur Geschäftsmodell-Innovation nach Giesen et al

über die Neudefinition existierender Industrien, oder über die Entwicklung neuer Industrien erfolgen kann.

- Umsatzmodell: Bei dem Umsatzmodell wird die Art der Umsatzgenerierung durch die neue Anordnung von Angeboten (Produkte, Dienstleistungen) und durch neue Preismodelle innoviert.
- Unternehmensmodell: Bei dem Unternehmensmodell werden die Unternehmensstruktur und die Position in der Wertschöpfungskette innoviert. Dies erfolgt durch die Veränderung von Netzwerken mit Mitarbeitern, Lieferanten, Kunden und den Fähigkeiten/Vermögensgegenständen.

Generische Geschäftsmodelle Generische Geschäftsmodelle, die als Ausgangsbasis für die Entwicklung eines neuen Geschäftsmodells dienen, liegen nicht vor.

Metamodell Der Ansatz von Giesen et al. (2007) enthält keine Definition und bietet kein Beschreibungsraster für Geschäftsmodelle. Aus diesem Grund ist die Erstellung eines Metamodells nicht möglich. Der Fokus des Ansatzes liegt auf dem Vorgehensmodell.

Einbindung von Geschäftsmodell-Umwelt und Strategie Giesen et al. (2007, S. 32) binden die Geschäftsmodell-Umwelt in ihren Ansatz ein, indem sie bestehende Geschäftsmodelle der eigenen Industrie analysieren. Eine Erläuterung der Geschäftsmodell-Umwelt findet allerdings nicht statt. Eine Abgrenzung zwischen der Strategie und dem Geschäftsmodell liegt nicht vor, vielmehr sehen Giesen et al. in den Entwicklungsrichtungen von Geschäftsmodellen mögliche Strategien (2007, S. 27).

Vorgehensmodell In Abb. 15 sind die von Giesen et al. vorgeschlagenen Schritte, um ein Geschäftsmodell zu innovieren, dargestellt.
Giesen et al. beschreiben die Schritte wie folgt (2007, S. 32):

- Verstehen des Industriekontexts: In dem ersten Schritt sollen neue Geschäftsmodelle in der eigenen Industrie identifiziert und Quellen für neue Geschäftsmodelle (eigene Industrie/andere Industrien) analysiert werden. Ziel ist es, herauszufinden, was von erfolgreichen Geschäftsmodell-Innovatoren (aus der eigenen Industrie/anderen Industrien) gelernt werden kann.

- Definition der aktuellen Position: Der zweite Schritt umfasst die Analyse, ob der eigene Innovationsgrad in der Industrie passend ist und ob das Verhältnis zwischen inkrementellen und radikalen Innovationen ausgeglichen ist. Hierbei wird auch analysiert, ob der Industriewandel von dem eigenen Unternehmen vorangetrieben oder dem eigenen Unternehmen aufgezwungen wird. Auf Basis der Definition der aktuellen Position wird festgelegt, welche Form der Geschäftsmodell-Innovation am besten in die Industrie und zu den Fähigkeiten/der Vision des Unternehmens passt.
- Aufbau von Fähigkeiten: Der dritte Schritt dient dazu, die notwendigen Fähigkeiten aufzubauen, um Geschäftsmodell-Innovation zu betreiben. Bei dem Industriemodell ist eine systematische Vorgehensweise notwendig, um die zukünftigen Industrieszenarien und die Implikationen für die eigene Innovationsstrategie abzuleiten. Bei dem Umsatzmodell müssen neue Möglichkeiten, Wert zu stiften, ausgeschöpft werden. Hierfür muss ein Ansatz vorliegen, um über Umsatzimplikationen nachzudenken. Bei dem Unternehmensmodell sind einzigartige Fähigkeiten, Vermögensgegenstände und Prozesse notwendig, um diese wirksam einzusetzen und Innovationen zu entwickeln und aufrechtzuerhalten.

Techniken und Ergebnisse Techniken, wie Geschäftsmodelle bzw. die Elemente eines Geschäftsmodells weiterentwickelt werden können, liegen nicht vor.

Zusammenfassung

Der Ansatz von Giesen et al. (2007) enthält keine Geschäftsmodell-Elemente. Die beschriebenen Schritte von Giesen et al. haben zum Ziel, auf Basis der gewählten Möglichkeit für die Geschäftsmodell-Innovation die passenden Fähigkeiten aufzubauen. Der Ansatz hat somit die Analyse bestehender Geschäftsmodelle als Schwerpunkt. Techniken, wie ein Geschäftsmodell bzw. die Elemente eines Geschäftsmodells weiterentwickelt werden können, liegen nicht vor.

Ansatz von Zott und Amit (2009)

Zielsetzung Im Mittelpunkt des Ansatzes steht die Ausgestaltung von Aktivitäten eines Geschäftsmodells, die einen Nutzen für die Kunden stiften sollen (Zott und Amit 2009, S. 1). Der Ansatz von Zott und Amit ist allgemeingültig.

Ausgangsbasis und Zuordnung Der Ansatz von Zott und Amit (2009) ist theoretisch fundiert, enthält Fallbeispiele und lässt sich aufgrund der Fokussierung auf Unternehmens-Aktivitäten dem strategischen Management zuordnen.

Detaillierungsebene In Bezug auf den Detaillierungsgrad ist der Ansatz von Zott und Amit (2009) grob beschrieben; er fokussiert sich auf die Aktivitäten eines Geschäftsmodells und weniger auf die Elemente und deren Gestaltung. Neben der Gestaltung der Aktivitäten eines Geschäftsmodells erfolgt auch die Berücksichtigung der Steuerung des Geschäftsmodells.

Entwicklungsrichtungen Aufbauend auf den definierten Aktivitäten und deren Zusammenhang, schlagen Zott und Amit folgende Quellen für die Aktivitäten innerhalb der Wertschöpfung vor (Zott und Amit 2009, S. 6):

• Neuigkeit: Die Neuigkeit bezieht sich auf neue Aktivitäten, neue Verknüpfungen von Aktivitäten und neue Formen der Steuerung von Aktivitäten.
• Lock-In[2]: Lock-In bezieht sich auf die Gestaltung von Aktivitäten, damit die Kunden hohe Wechselkosten haben und somit an das Unternehmen gebunden werden.
• Bündelung: Bei der Bündelung werden Aktivitäten zusammengefasst, um für die Kunden einen höheren Nutzen zu stiften.
• Effizienz: Hierbei werden Aktivitäten in der Form ausgestaltet, damit sie eine höhere Effizienz durch geringe Transaktionskosten erzielen.

Generische Geschäftsmodelle Generische Geschäftsmodelle, die als Ausgangsbasis für die Entwicklung eines neuen Geschäftsmodells dienen, liegen nicht vor.

Metamodell Zott und Amit führen nicht explizit die Elemente eines Geschäftsmodells auf, erläutern aber drei Bestandteile eines Aktivitätensystems (2009, S. 5):

• Inhalt: Der Inhalt eines Aktivitätensystems legt fest, welche Aktivitäten ausgeführt werden sollen.
• Struktur: Die Struktur eines Aktivitätensystems legt fest, wie die Aktivitäten miteinander verknüpft werden sollen.
• Steuerung: Die Steuerung eines Aktivitätensystems legt fest, wer die Aktivitäten ausführt und wo die Aktivitäten ausgeführt werden sollen.

---

[2] Lock-In bezeichnet die Kundenbindung in Form hoher Wechselkosten.

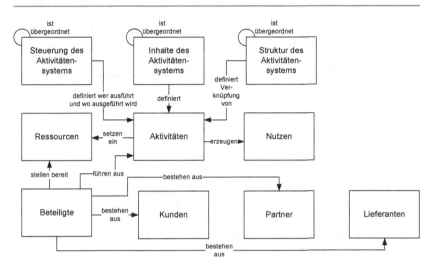

Abb. 16 Metamodell des Ansatzes von Zott und Amit. (eigene Darstellung)

Ferner stellen sie fest, dass in Aktivitäten die eingesetzten Ressourcen von Beteiligten bereitgestellt werden. Zielsetzung ist es, mit geeigneten Aktivitäten einen Nutzen zu erzeugen (Zott und Amit 2009, S. 1–3). Abbildung 16 stellt die Objekte des Ansatzes in einem Metamodell dar.

Einbindung von Geschäftsmodell-Umwelt und Strategie In ihrem Beitrag von 2009 nehmen Zott und Amit keine Einbindung der Geschäftsmodell-Umwelt und der Strategie vor. In einem Beitrag von 2008 stellen Zott und Amit fest, dass ein Geschäftsmodell und eine Produkt-Markt-Strategie komplementär sind und sich nicht gegenseitig substituieren (Zott und Amit 2008, S. 1). Ferner zeigen sie, dass auf Basis einer Produkt-Markt-Strategie (Kostenführerschaft, Differenzierung, Timing) ein passendes Geschäftsmodell entwickelt werden soll (Zott und Amit 2008, S. 6). Wie sich diese Einbindung konkret ausgestaltet, erläutern sie nicht.

Vorgehensmodell Zott und Amit schlagen drei Schritte vor, die in Abb. 17 dargestellt sind.

Die Schritte sind auf folgende Weise beschrieben (Zott und Amit 2009, S. 5):

• Festlegung der Inhalte des Aktivitätensystems: In dem ersten Schritt erfolgt die Festlegung der auszuführenden Aktivitäten.
• Festlegung der Struktur des Aktivitätensystems: In diesem Schritt erfolgt die Festlegung, wie Aktivitäten miteinander verknüpft und zeitlich geregelt sind.

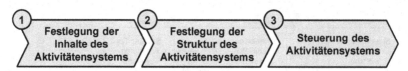

Abb. 17 Ansatz von Zott und Amit. (eigene Darstellung)

- Steuerung des Aktivitätensystems: In dem letzten Schritt findet die Festlegung, wer Aktivitäten ausführt, statt.

Eine detaillierte Erläuterung der Schritte findet nicht statt. Es zeigt sich allerdings, dass der Ansatz den Fokus auf die Aktivitäten eines Geschäftsmodells richtet.

Techniken und Ergebnisse Techniken, die zur Erstellung von Geschäftsmodellen dienen, liegen nicht vor.

Zusammenfassung

Der Ansatz von Zott und Amit (2009) beinhaltet kein Beschreibungsraster für Geschäftsmodelle. Die Analyse und die Entwicklung von Aktivitäten zeichnen den gesamten Ansatz von Zott und Amit aus. Es liegen keine Techniken für die Gestaltung von Geschäftsmodellen vor.

Ansatz von Grasl (2009)

Zielsetzung Zielsetzung des Ansatzes von Grasl (2009, S. XVIII) ist die Analyse von Geschäftsmodellen, die es Unternehmen ermöglichen soll, ihr bestehendes Geschäftsmodell zu gestalten und dessen Leistungsfähigkeit zu bewerten. Der Ansatz ist für keine spezielle Industrie entwickelt und daher generell anwendbar.

Ausgangsbasis und Zuordnung Grasl (2009) hat in seiner Dissertation einen theoretisch fundierten Ansatz mit Fallbeispielen entwickelt. Der Ansatz lässt sich aufgrund der vorgeschlagenen Beschreibung von Geschäftsmodellen mittels der Unified Modeling Language (UML)[3] dem Informationsmanagement zuordnen.

---

[3] Die Unified Modeling Language dient dazu, mittels Notationen Softwaresysteme zu beschreiben und zu entwickeln.

Detaillierungsebene Der Ansatz von Grasl (2009) geht detailliert auf die Elemente von Geschäftsmodellen und auf die Schritte zur Entwicklung von Geschäftsmodellen ein. Weitere Schritte, wie z. B. die Implementierung und die Steuerung von Geschäftsmodellen, sind nicht beschrieben.

Entwicklungsrichtungen Grasl stellt keine unterschiedlichen Optionen für Entwicklungsrichtungen vor.

Generische Geschäftsmodelle Generische Geschäftsmodelle, die als Ausgangsbasis für die Entwicklung eines neuen Geschäftsmodells dienen, liegen nicht vor.

Metamodell Grasl (2009, S. 106 f.) stellt ein Metamodell vor, das in Abb. 18 dargestellt und wie folgt aufgebaut ist: Ein Beteiligter agiert in einem Markt und kommuniziert mit seinen Kunden über Kanäle, die er bereitstellt. Konsumenten sind Beteiligte, die am Ende eines Kanals platziert sind. Beteiligte interagieren untereinander über Transaktionen, die durch Kanäle unterstützt sind. Die Produkte werden über Transaktionen von Lieferanten an Kunden ausgetauscht.

Jede Transaktion kann mehrere Lieferanten haben, aber jede Transaktion hat einen Kunden. Die Vermögensgegenstände sind notwendig, um einen Kanal bereit- bzw. ein Produkt herzustellen.

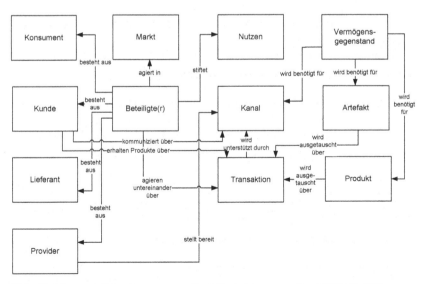

Abb. 18 Metamodell des Ansatzes von Grasl (in Anlehnung an Grasl 2009, S. 107)

Einbindung von Geschäftsmodell-Umwelt und Strategie Grasl (2009) führt keine Geschäftsmodell-Umwelt auf, erläutert aber, wie die Strategie eines Unternehmens ein Geschäftsmodell beeinflusst. Hierbei unterteilt er eine Unternehmensstrategie in folgende Formen: Bereitstellung von Kundennutzen 1) und Schaffung von Kundennutzen 2). Die Bereitstellung von Kundennutzen enthält einerseits die Marktpositionierung des Unternehmens (Marktstrategie) und andererseits die Positionierung gegenüber Wettbewerbern (Wettbewerbsstrategie). Die Schaffung von Kundennutzen sieht Grasl als die Aufgabe eines Geschäftsmodells (Grasl 2009, S. 98 f.).

Vorgehensmodell Grasl schlägt sechs Schritte vor, die in Abb. 19 dargestellt sind.

Die Schritte im Rahmen der Entwicklung von Geschäftsmodellen haben nach Grasl (2009, S. 141) folgende Inhalte:

Verstehen des Geschäftsmodells: In diesem Schritt erfolgen die Analyse der Kunden und die Beschreibung des bestehenden Geschäftsmodells.

Formulierung strategischer Fragen: In diesem Schritt werden die strategischen Fragen abgeleitet und die Stakeholder des Geschäftsmodells analysiert.

Ausarbeitung des Geschäftsmodells: Aufbauend auf den ersten beiden Schritten, wird nun ein neues Geschäftsmodell ausgearbeitet. Daneben werden möglichen Szenarien identifiziert und die relevanten Daten spezifiziert.

Verifikation des Geschäftsmodells: In diesem Schritt erfolgen die Verifikation des Geschäftsmodells und die Analyse von Szenarien.

Evaluation von Szenarien: In diesem Schritt werden die identifizierten und analysierten Szenarien evaluiert.

Beantwortung strategischer Fragen: In dem letzten Schritt werden strategische Fragen beantwortet und Empfehlungen ausgesprochen.

Techniken und Ergebnisse Neben der Methode, die Grasl (2009, S 101–130) aufführt, um Geschäftsmodelle mittels der Unified Modelling Language und Systems Dynamics[4] detailliert zu beschreiben, zeigt er einige Techniken auf, die im Rahmen der Entwicklung von Geschäftsmodellen zum Einsatz kommen. Zu diesen

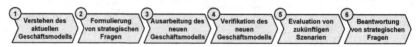

Abb. 19 Ansatz von Grasl (in Anlehnung an Grasl 2009, S. 140)

---

[4] Systems Dynamics dient dazu, die Beziehungen einzelner Elemente eines Systems zueinander darzustellen.

Techniken gehören: die Kraftfeldanalyse[5], eine Checkliste zur Analyse der aktuellen Situation, das Data Mining[6], die Szenariotechnik und eine Checkliste mit strategischen Fragen (Grasl 2009, S. 150).[7]

Zusammenfassung

Der Ansatz von Grasl beinhaltet sowohl ein Beschreibungsraster als auch ein Metamodell. Er orientiert sich hauptsächlich an der Beschreibung existierender Geschäftsmodelle mittels UML, beinhaltet aber auch weitere Schritte, um Geschäftsmodelle zu entwickeln. Grasl fokussiert seine Arbeit auf die Analyse bzw. die Beschreibung eines Geschäftsmodells, für die er auch Techniken aufzeigt.

Ansatz von Lindgarth et al. (2009)

Zielsetzung Lindgarth et al. (2009, S. 2) haben zum Ziel, Geschäftsmodelle zu entwickeln, die es ermöglichen, sich besser gegenüber Wettbewerbern zu differenzieren. Der Ansatz ist generisch und somit für alle Industrien gültig.

Ausgangsbasis und Zuordnung Der Ansatz von Lindgarth et al. (2009) basiert auf Fallbeispielen und den praktischen Erfahrungen der Autoren und ist dem Bereich des strategischen Managements zuzuordnen.

Detaillierungsebene Der Ansatz von Lindgarth et al. (2009) ist nicht detailliert beschrieben, da er nur kurz auf die Beschreibung der Geschäftsmodell-Elemente und die Schritte zur Entwicklung von Geschäftsmodellen eingeht.

Entwicklungsrichtungen Lindgarth et al. (2009, S. 5) stellen drei Entwicklungsrichtungen für Geschäftsmodelle vor, die sie in den ersten Schritt ihres Ansatzes integrieren:
Innovation des Nutzenversprechens (Zielsegmente, Produkte, Dienstleistungen, Umsatzmodell)

---

[5] Die Kraftfeldanalyse dient dazu, fördernde und hemmende Tatsachen innerhalb von Projekten zu untersuchen.

[6] Data Mining dient dazu, Daten zu analysieren und Muster zu erkennen.

[7] Siehe Grasl 2009, S. 138–150 für eine Erläuterung der Techniken.

Innovation des Betriebsmodells (Wertschöpfungskette, Kostenmodell, Organisation)

Innovation der Geschäftsarchitektur (Integration innerhalb eines Netzwerks).

Generische Geschäftsmodelle Generische Geschäftsmodelle, die als Ausgangsbasis für die Entwicklung eines neuen Geschäftsmodells dienen, liegen nicht vor.

Metamodell Lindgarth et al. (2009, S. 1 f.) beschreiben die Elemente eines Geschäftsmodells wie folgt:

Das Nutzenversprechen:

Zielsegment: Das Zielsegment enthält Kunden und deren Bedürfnisse, die befriedigt werden sollen.

Produkt- und Dienstleistungsangebot: Das Produkt- und Dienstleistungsangebot enthält das Angebot an Kunden, um deren Bedürfnisse zu befriedigen.

Umsatzmodell: Das Umsatzmodell enthält die Form der Kompensation für das Angebot.

Das Betriebsmodell:

Wertschöpfungskette: Die Wertschöpfungskette enthält die Konfiguration der Aktivitäten des Unternehmens.

Kostenmodell: Das Kostenmodell enthält die Konfiguration der Vermögensgegenstände und der Kosten, um das Nutzenversprechen zu erfüllen.

Organisation: Die Organisation enthält den Einsatz und die Entwicklung von Mitarbeitern, um einen Wettbewerbsvorteil zu erhalten/weiterzuentwickeln.

Das Metamodell in Abb. 20 stellt die Objekte des Ansatzes von Lindgarth et al. (2009) dar.

Einbindung von Geschäftsmodell-Umwelt und Strategie Lindgarth et al. (2009) erläutern weder die Geschäftsmodell-Umwelt noch deren Einbindung in ihren Ansatz. Die Einbindung der Strategie in den Ansatz findet ebenfalls nicht statt.

Vorgehensmodell Lindgarth et al. führen drei Schritte für die Entwicklung von Geschäftsmodellen auf, die in Abb. 21 dargestellt sind.

Die Schritte sind inhaltlich folgendermaßen beschrieben (Lindgarth et al. 2009, S. 5 f.):

Aufdecken von Chancen: Das Aufdecken von Chancen umfasst die Analyse des aktuellen Geschäftsmodells 1), das Verstehen der Einschränkungen innerhalb des aktuellen Geschäftsmodells 2), die Betrachtung unterschiedlicher Entwicklungs-

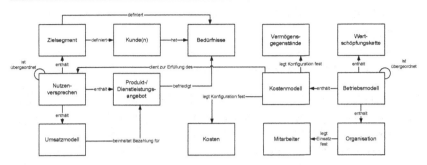

Abb. 20 Metamodell des Ansatzes von Lindgarth et al

möglichkeiten und deren Passung zu Industrietrends, die Analyse von Kundenpräferenzen 3) und die Positionierung gegenüber Wettbewerbern 4).

Darauf aufbauend, werden Möglichkeiten abgeleitet, um Geschäftsmodelle weiterzuentwickeln: die Innovation des Nutzenversprechens (Kundensegmente, Produkte/Dienstleistungen, Umsatzmodell), die Innovation des operativen Modells (Wertkette, Kostenmodell, Organisation) oder die Innovation der Geschäftsarchitektur (Integration innerhalb eines Netzwerks).

Implementierung des neuen Geschäftsmodells: Mittels der Implementierung werden die gewonnenen Ideen für Geschäftsmodelle umgesetzt. Im Rahmen der Implementierung wird auch darüber entschieden, ob das neue Geschäftsmodell in das Kerngeschäft integriert oder separat aufgebaut wird.

Aufbau einer Plattform und Aufbau von Fähigkeiten: Der Aufbau einer Plattform dient dazu, den Geschäftsmodell-Innovationsprozess und das Ideen-Portfolio erfolgreich zu steuern. Daneben müssen Fähigkeiten aufgebaut werden, um interne Resistenzen gegenüber neuen Geschäftsmodellen abzubauen und die Geschäftsmodell-Innovation erfolgreich zu betreiben.

Techniken und Ergebnisse Techniken, wie ein Geschäftsmodell bzw. die Elemente eines Geschäftsmodells weiterentwickelt werden können, liegen nicht vor.

Abb. 21 Ansatz von Lindgarth et al

Zusammenfassung

Der Ansatz von Lindgarth et al. (2009) beinhaltet ein Beschreibungsraster für Geschäftsmodelle. Der Fokus des Ansatzes liegt auf der Analyse eines existierenden und der Gestaltung eines neuen Geschäftsmodells. Daneben werden Aspekte aufgegriffen, die dazu dienen, die Kompetenz im Bereich Geschäftsmodell-Innovation aufzubauen und aufrechtzuerhalten. Techniken, wie ein Geschäftsmodell bzw. die Elemente eines Geschäftsmodells weiterentwickelt werden können, liegen nicht vor.

Weitere Ansätze

Da nicht alle Ansätze, die in dem Zeitraum von 2000 bis 2009 erarbeitet wurden, behandelt werden können, sind an dieser Stelle weitere Ansätze aufgeführt, um dem Leser eine Vertiefung zu ermöglichen.

Gordijn und Akkermans (2001) Gordijn und Akkermans führen in ihrem Beitrag Designing and Evaluating E-Business auf, wie E-Business-Geschäftsmodelle modelliert und graphisch dargestellt werden (2001, S. 11). Neben Definitionen und der Erläuterung von Geschäftsmodell-Elementen zeigen sie Beispiele aus dem E-Business auf.

Weill und Vitale (2001) Weill und Vitale (2001, S. 57) stellen in ihrem Werk Place to Space acht E-Business-Geschäftsmodelle (Atomic Business Models) vor, die sowohl in Business-to-Consumer- als auch in Business-to-Business-Märkten Anwendung finden. Die Herleitung der Geschäftsmodelle basiert auf Fallbeispielen. Die Geschäftsmodelle sind anhand von Elementen (strategische Ziele, Nutzenversprechen, Erlösquelle, kritische Erfolgsfaktoren, Kernkompetenzen) beschrieben.

Afuah und Tucci (2002) Afuah und Tucci (2002, S. VII) führen in ihrem Buch Internet Business Models and Strategies neben den theoretischen Grundlagen zum Internet und Geschäftsmodellen auch Beispiele für Geschäftsmodelle aus dem Internet auf. In seinem Buch von 2003 stellt Afuah einen Ansatz vor, der dazu dient, Geschäftsmodelle zu gestalten und umzusetzen. Der Ansatz wird durch Fallbeispiele ergänzt (Afuah 2003, S. V).

Stähler (2002) Das Werk von Stähler Geschäftsmodelle in der digitalen Ökonomie umfasst die Definition und die Bestandteile von Geschäftsmodellen (2002,

S. 41–48). Des Weiteren geht Stähler (2002) auf die Charakteristika des Internets und digitaler Geschäftsmodelle ein und verwendet die Musikindustrie als Fallstudie. Analog zu dem Ansatz von Skarzynski und Gibson (2008) fließen einige Erkenntnisse in die vorliegende Arbeit ein.

Rappa (2004) In seinem Beitrag stellt Rappa (2004) neun Geschäftsmodelle für den Bereich des E-Business vor, die er in der Praxis identifiziert hat. Diese Geschäftsmodelle dienen als Basis für die Erstellung von Unternehmens-Geschäftsmodellen und sind kombinierbar. Neben der Beschreibung erfolgt eine Ergänzung mit Fallbeispielen (Rappa 2004, S. 35–37).

Kobler (2005) In seinem Werk Innovative Geschäftsmodelle stellt Kobler (2005) Geschäftsmodelle für Schweizer Versicherungen im Privatkundensegment dar. Die Geschäftsmodelle wurden auf Basis von 18 Experteninterviews erarbeitet (Kobler 2005, S. 319, 322). Als Ergebnis liegen vier Geschäftsmodelle (Geschäftsmodell-Typen) vor (Kobler 2005, S. 350–353).

Zollenkop (2006) Zollenkop geht in seinem Buch Geschäftsmodell-Innovation – Initiierung eines systematischen Innovationsmanagements für Geschäftsmodelle auf Basis lebenszyklusorientierter Frühaufklärung auf die Charakteristika von Geschäftsmodellen und Geschäftsmodell-Innovationen ein. Er überträgt das allgemeine Lebenszyklusmodell auf Geschäftsmodelle und verknüpft dies mit der strategischen Frühaufklärung, um somit einen Handlungsbedarf für die Geschäftsmodell-Innovation abzuleiten. In dieser Arbeit dient die Musikindustrie als Fallbeispiel (Zollenkop 2006, S. IX).

Zentes et al. (2007) Zentes et al. stellen in ihrer Abhandlung Innovative Geschäftsmodelle und Geschäftsprozesse im Großhandel sieben generische Geschäftsmodelle für den Großhandel vor, die den Business-to-Business-Märkten zuzuordnen sind. Die Herleitung der Geschäftsmodelle basiert auf der Analyse relevanter Studien bzw. der Literatur und der Durchführung von Experteninterviews mit Unternehmensvertretern (Zentes et al. 2007, S. 140). Auf Basis von Clustern, die Kompetenzen von Unternehmen beinhalten, sind die sieben Geschäftsmodelle beschrieben (Zentes et al. 2007, S. 141).

Skarzynski und Gibson (2008) Skarzynski und Gibson (2008) beschreiben in einem Kapitel ihres Buches Innovation to the Core das Thema Geschäftsmodell-Innovation. Sie definieren die Begriffe Geschäftsmodell und Geschäftsmodell-Innovation und beschreiben die Elemente eines Geschäftsmodells anhand von Fragen (Skarzynski und Gibson 2008, S. 113).

Casadesus-Masanell und Ricart (2009) Casadesus-Masanell und Ricart (2009, S. 2 f.) beschreiben in ihrem Beitrag From Strategy to Business Models and to Tactics den Zusammenhang zwischen einer Strategie und einem Geschäftsmodell. In ihrem Beitrag ist eine Definition von Geschäftsmodellen (Casadesus-Masanell und Ricart 2009, S. 4 f.) enthalten. Daneben zeigen sie auf, wie Geschäftsmodelle anhand von Charakteristika und deren Folgen in einem Wirkungsnetz graphisch dargestellt sind (Casadesus-Masanell und Ricart 2009, S. 6, 8, 12).

Schröter und Biege (2009) Schröter und Biege (2009) stellen in ihrem Beitrag vier dienstleistungsbasierte Geschäftsmodelle für die Montage vor, die den Business-to-Business-Märkten zuzuordnen sind. Die Herleitung erfolgt anhand der Darstellung von dienstleistungsbasierten Geschäftsmodellen, die die Reduktion der Total Cost of Ownership (TCO)[8] beinhalten. Darauf aufbauend, werden Geschäftsmodelle für die Montage dargestellt (Schröter und Biege 2009, S. 627 f.).

Timeline der Ansätze

Nachfolgend ist eine Timeline aufgeführt, die die aufgezeigten Ansätze der Jahre 2000 bis 2009 beinhaltet. Es zeigt sich, dass die Anzahl der Ansätze im Verkauf der Zeit zunimmt, wenn auch die Schwerpunkte und Detaillierungsgrade unterschiedlich ausgeprägt sind. Im nachfolgenden Kapitel wird auf die Unterschiede eingegangen (Abb. 22).

---

[8] Die Total Cost of Ownership umfassen alle Kosten, die im Rahmen der Anschaffung, Verwendung und Entsorgung einer Maschine anfallen (Schröter und Biege 2009, S. 628).

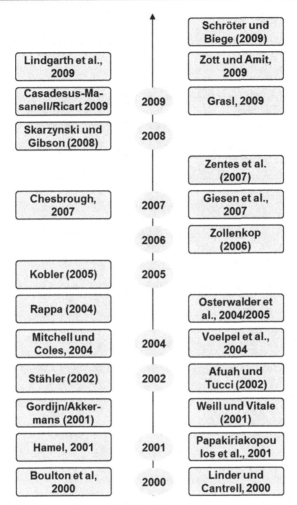

Abb. 22 Timeline der Ansätze von 2000 bis 2009

Vergleich der Ansätze

Nachfolgend findet sich ein Vergleich der vorgestellten Ansätze in tabellarischer (Synopse) und schriftlicher Form. Die dargestellten Ansätze zeigen unterschiedliche Charakteristika auf, die nachfolgend aufgeführt und erläutert sind. Die Charakteristika dienen als Basis für die Formulierung von Anforderungen an einen eigenen Ansatz. Die Tab. 1 stellt alle vorgestellten Ansätze im Vergleich dar.

Ausgangsbasis für die Entwicklung der Ansätze Als Ausgangsbasis für die Entwicklung der Ansätze erfolgt die Verwendung der Literatur, von Fallbeispielen, von Workshops/Interviews und von Studien. Daneben integrieren einige Autoren ihre praktischen Erfahrungen. Sechs Ansätze greifen auf die Literatur zurück, elf Ansätze integrieren Fallbeispiele, fünf Ansätze integrieren Interviews/Workshops und zwei Ansätze integrieren eine schriftliche Studie. Es zeigt sich, dass keine einheitliche Vorgehensweise bzw. Ausgangsbasis für die Entwicklung von Ansätzen der Geschäftsmodell-Innovation vorliegt.

Zuordnung der Ansätze Aufgrund ihrer Ausrichtung lassen sich die Ansätze unterschiedlichen Bereichen zuordnen. 10 Ansätze lassen sich dem strategischen Management, drei Ansätze dem Innovationsmanagement und drei Ansätze dem Informationsmanagement zuordnen. Bei drei Ansätzen erfolgt die Zuordnung zu zwei Bereichen.

Detaillierungsebene Die Detaillierungsebene reicht von einer detaillierten bis hin zu einer groben Beschreibung der Geschäftsmodell-Elemente, des Vorgehens und der Schritte. Analog zu den vorherigen Punkten liegt auch hier keine Einheitlichkeit vor, da sechs Ansätze die Geschäftsmodell-Elemente sehr detailliert beschreiben und die übrigen Ansätze diese nur aufzählen. Analog dazu verhält es sich bei

© Springer Fachmedien Wiesbaden 2015
D. Schallmo, *Bestehende Ansätze zu Business Model Innovationen*, essentials,
DOI 10.1007/978-3-658-09901-5_3

Tab. 1 Synopse der Ansätze zur Geschäftsmodell-Innovation

Autor (en), Jahr	Literatur	Fallbeispiele	Interviews/Workshops	Studie	Strat. Management	Innovationsmanagement	Informationsmanagement	Elemente	Vorgehen	Phasen	Entwicklungsrichtungen	Generische Geschäftsmodelle	Meta-Modell	Beschreibungsraster	Einbindung Geschäftsmodell-Umwelt	Einbindung Strategie	Analyse	Gestaltung	Implementierung	Steuerung	Techniken und Ergebnisse
Boulton et al, 2000	○				●			○	○	○	●		○	○			○	○	○	○	
Linder und Cantrell, 2000	●	●			●			●	●	○	●	○	○	○			●	●			
Hamel, 2001 und 2002	●					○	○	●	●	○			○	●			●	●	●	●	●
Papakiriakopoulos et al., 2001	●	○	○			●		○	○	○	○	●	○	○	●		●	●			
Mitchell und Coles, 2004	○				○	○		○	○	○			○	○			●	●	○		
Osterwalder 2004, Osterwalder und Pigneur, 2005	●	●			●			●	●	●	●	○	●	●	●	●	○	●	●		●
Voelpel et al., 2004	●	●	○		●			●	●	○	●	○	○	○	○		●	○			
Chesbrough, 2007	○						●	○	○	○		○	○	○	●	●	●	●	●	●	○
Giesen et al., 2007	○	●	●	●	●			○	○	○	●	○	○	○	○	●	●	●			
Zott und Amit, 2008 und 2009	●	●		○	●			●	○	○	●	○	○	○	○		●	●	●		
Grasl, 2009	●	●	○		●			●	●	○	○		●	●			○	●	●		●
Lindgarth et al., 2009	○			●				○	○	○	●		○	○			○	○	●		

trifft zu   ●

trifft teilweise zu   ○

trifft nicht zu

der Vorgehensweise bzgl. der Geschäftsmodell-Entwicklung, die drei Ansätze detailliert beschreiben, wohingegen die übrigen Ansätze wenig differenziert darauf eingehen.

Entwicklungsrichtungen Im Rahmen möglicher Entwicklungsrichtungen geht es darum, Optionen für Geschäftsmodell-Innovation aufzuzeigen. Sieben der Ansätze schlagen Entwicklungsrichtungen vor, die z. B. die Veränderung der Vermögensgegenstände (Boulton et al. 2000), die Ausrichtung des Geschäftsmodells (Giesen et al. 2007; Zott und Amit 2009) und die Veränderung des Geschäftsmodells (Linder und Cantrell 2000) beinhalten. Die Formen der Entwicklungsrichtungen variieren und lassen sich daher nicht allgemein beschreiben. Die radikale Geschäftsmodell-Innovation wird nur in sieben Ansätzen berücksichtigt. Es wird aber nicht im Detail beschrieben, wie hier vorzugehen ist. Die geringe Anzahl möglicher Entwicklungsrichtungen zeigt, dass es schwierig ist, generelle Vorschläge für Entwicklungsrichtungen von Geschäftsmodellen anzubieten.

Generische Geschäftsmodelle Neben den möglichen Entwicklungsrichtungen für Geschäftsmodelle ist die Anwendung generischer Geschäftsmodelle sinnvoll, um Ideen für das eigene Geschäftsmodell zu gewinnen. Lediglich zwei Ansätze zeigen solche generischen Geschäftsmodelle auf.

Vorliegen eines Metamodells und eines Beschreibungsrasters Zwei der vorgestellten bieten eigene Metamodelle an. Die übrigen Ansätze zeigen hingegen ein Beschreibungsraster für die Elemente von Geschäftsmodellen auf, welches von drei Ansätzen im Detail beschrieben wird. Mittels dieser Beschreibungsraster war es möglich, die Objekte der Ansätze in Metamodellen darzustellen, wodurch eine Vergleichbarkeit der Ansätze möglich ist.

Einbindung der Geschäftsmodell-Umwelt und der Strategie Fünf der zwölf Ansätze binden die Geschäftsmodell-Umwelt in ihren Ansatz ein, wobei davon nur zwei Ansätze konkret erläutern, wie genau diese Einbindung erfolgt. Acht der zwölf Ansätze hingegen binden die Strategie in ihren Ansatz ein und drei davon erläutern im Detail, wie diese Einbindung stattfindet.

Berücksichtigung von Schritten Die Ansätze enthalten Schritte, die zwar unterschiedlich bezeichnet sind, sich allerdings den oben genannten Schritten zuordnen lassen. Im Rahmen der Innovation von Geschäftsmodellen liegen folgende Schritte vor: Analyse, Gestaltung, Implementierung und Steuerung.

Techniken und Ergebnisse Vier von zwölf Ansätzen führen Techniken auf, um Geschäftsmodelle zu entwickeln und erläutern diese Techniken. Die Techniken entstammen z. B. dem strategischen Management, dem Innovationsmanagement und dem Informationsmanagement (insbesondere zur Darstellung der Beziehungen von Geschäftsmodell-Elementen zueinander; siehe: Grasl 2009; Osterwalder et al. 2005). Bei den Techniken liegen weder eine Einheitlichkeit noch eine Unterscheidung in Techniken vor, die dazu dienen können, Ergebnisse zu visualisieren bzw. Entscheidungen im Rahmen der Geschäftsmodell-Innovation zu unterstützen.

Vorliegen einer Methode der Geschäftsmodell-Innovation Es lässt sich feststellen, dass lediglich zwei Ansätze die Bestandteile von Methoden berücksichtigen (Meta-Modell, Vorgehensmodell, Techniken und Ergebnisse), diese allerdings nicht vollständig beschreiben bzw. den Aspekt der radikalen Geschäftsmodell-Innovation vernachlässigen.

Zusammenfassung

Die hier dargestellten Ansätze der Geschäftsmodell-Innovation zeigen die Möglichkeiten auf, um Geschäftsmodelle zu entwickeln. Es lässt sich feststellen, dass im Verlauf der Zeit die Anzahl der Ansätze zugenommen hat. Ebenso lässt sich feststellen, dass sich die Ansätze einerseits von ihrer Herleitung (z. B. theoriebasiert, literaturbasiert), andererseits auch inhaltlich (z. B. Beschreibung von Geschäftsmodellen, Phasen im Vorgehensmodell) voneinander unterscheiden.

Das vorliegende Essential hat nicht den Anspruch, eine Vollerhebung bestehender Ansätze der Geschäftsmodell-Innovation zu leisten; vielmehr geht es darum, einen strukturierten Überblick zu den wichtigsten Ansätzen der Jahre 2000 bis 2009 zu ermöglichen, um sich in der Vielfalt der Ansätze zurecht zu finden. Die Analyse weiterer Ansätze der Folgejahre ist sicherlich ein sinnvoller Schritt, um eine erweiterte Übersicht zu gewährleisten.

Je nach Anforderung bei der Innovation von Geschäftsmodellen müssen unterschiedliche Schwerpunkte gesetzt werden. Insbesondere die Festlegung eines Rasters, um ein Geschäftsmodell mit seinen Elementen zu beschreiben, die Ableitung relevanter Schritte und eines strukturierten Vorgehensmodells und die fokussierte Anwendung von Techniken, mit denen Ergebnisse erzielt werden, sind entscheidend für eine erfolgreiche Geschäftsmodell-Innovation.

© Springer Fachmedien Wiesbaden 2015

49

D. Schallmo, *Bestehende Ansätze zu Business Model Innovationen*, essentials,
DOI 10.1007/978-3-658-09901-5

Was Sie aus diesem Essential mitnehmen können

- Überblick über aktuelle Ansätze der Geschäftsmodell-Innovation der Jahre 2000 bis 2009
- Beschriebene Ansätze der Geschäftsmodell-Innovation anhand eines einheitlichen Rasters
- Gewinnung von Ideen im Rahmen der Geschäftsmodell-Innovation und zur Ableitung eines eigenen Ansatzes

© Springer Fachmedien Wiesbaden 2015
D. Schallmo, *Bestehende Ansätze zu Business Model Innovationen*, essentials,
DOI 10.1007/978-3-658-09901-5

Literatur

Afuah, A., & Tucci, C. (2002). *Internet business models and strategies: Text and cases*. New York: McGraw-Hill.

Bea, F., & Haas, J. (2005). *Strategisches Management*. Stuttgart: UTB Verlag.

Boulton, R., Libert, B., & Samek, S. (2000). A business model for the new economy. *Journal of Business Strategy, Juli/August, 29*–35.

Brecht, L. (2002). *Process Leadership: Methode des informations-systemgestützten Prozessmanagement*. Hamburg: Dr. Kovac Verlag.

Brinkkemper, S., & Lyytinen, K. (1996). Method engineering: Principles of method construction and tool support, proceedings of the IFIP TC8, WG8.1/8.2 Working Conference on Method Engineering, 26.–28. August 1996, Atlanta, USA.

Casadesus-Masanell, R., & Ricart, J. (2009). From strategy to business models and tactics, Working Paper 813, IESE Business School – University of Navarra.

Chesbrough, H. (2007). Business model innovation: It's not just about technology anymore. *Journal of Strategy and Leadership, 35*(6), 12–17.

Giesen, E., Berman, S., Bell, R., & Blitz, A. (2007). Three ways to successfully innovate your business model. *Strategy and Leadership, 35*(6), 27–33.

Gordijn, J., & Akkermans, H. (2001). E3-value: Design and evaluation of e-business models. *IEEE Intelligent Systems, Juli/August,* 11–17.

Grasl, O. (2009). Professional service firms: Business model analysis – Method and case studies, Dissertation, Sipplingen.

Gutzwiller, T. (1994). *Das CC RIM-Referenzmodell für den Entwurf von betrieblichen transaktionsorientierten Informationssystemen*. Heidelberg: Physica Verlag.

Hamel, G. (2001). Leading the revolution. *Strategy and Leadership, 29*(1), 4–10.

Hamel, G. (2002). *Leading the revolution: How to thrive in turbulent times by making innovation a way of life*. Boston: Harvard Business Press.

Hess, T., & Brecht, L. (1996). *State of the art des Business process redesign: Darstellung und Vergleich bestehender Methoden*. Wiesbaden: Gabler.

Heym, M. (1993). *Methoden-Engineering – Spezifikation und Integration von Entwicklungsmethoden für Informationssysteme*. Hallstadt: Universität St. Gallen.

Kobler, D. (2005). *Innovative Geschäftsmodelle: Entwicklung und Gestaltung innovativer Geschäftsmodelle für Schweizer Versicherungsunternehmen im Privatkundensegment*. Mering: Hampp Verlag.

© Springer Fachmedien Wiesbaden 2015   53
D. Schallmo, *Bestehende Ansätze zu Business Model Innovationen,* essentials,
DOI 10.1007/978-3-658-09901-5

Linder, J., & Cantrell, S. (2000). *Changing business models: Surveying the landscape.* Accenture.

Lindgardt, Z., Reeves, M., Stalk, G., & Deimler, M. (2009). *Business model innovation: When the game gets tough change the game.* The Boston Consulting Group.

Mitchell, D., & Coles, C. (2003). The ultimate competitive advantage of continuing business model innovation. *Journal of Business Strategy, 25*(1), 16–26.

Mitchell, D., & Coles, C. (2004). Business model innovation breakthrough moves. *Journal of Business Strategy, 25*(1), 16–26.

Osterwalder, A. (2004). *The business model ontology – A proposition in a design science approach*, Dissertation, Universität Lausanne.

Osterwalder, A., Pigneur, Y., & Tucci, C. (2005). Clarifying business models. *Origins, Present and Future of the Concept, Communications of the Association for Information Science (CAIS), 15*, 751–775.

Papakiriakopoulos, D., Poylumenakou, A., & Doukidis, G. (2001). Building e-business models: An analytical framework and development guidelines, Proceedings of the 14th Bled Electronic Commerce Conference, 25.–26. Juni, 2001, Bled, Slovenia, S. 446–464.

Rappa, M. (2004). The utility business model and the future of computing services. *IBM Systems Journal, 43*(1), 32–42.

Schröter, M., & Biege, S. (2009). Dienstleistungsbasierte Geschäftsmodelle für die Montage. *Zeitschrift für wirtschaftlichen Fabrikbetrieb, 104*, 627–631.

Skarzynski, P., & Gibson, R. (2008). *Innovation to the core: A blueprint for transforming the way your company.* Boston: Harvard Business Press.

Stähler, P. (2002). *Geschäftsmodelle in der digitalen Ökonomie; Merkmale, Strategien und Auswirkungen.* Lohmar: Eul Verlag.

Voelpel, S., Leibold, M., & Eden, B. (2004). The wheel of business model reinvention: How to reshape your business model to leapfrog competitors. *Journal of Change Management, 4*(3), 259–276.

Weill, P., & Vitale, M. (2001). *Place to space: Migrating to e-business models.* Boston: Harvard Business Press.

Winter, R. (2003). Modelle, Techniken und Werkzeuge im Business Engineering. In R. Winter (Hrsg.), *Business Engineering: Auf dem Weg zum Unternehmen des Informationszeitalters* (S. 87–118). Berlin: Springer.

Zentes, J., Hüffer, G., Pocsay, S., & Chavie, R. (2007). *Innovative Geschäftsmodelle und Geschäftsprozesse im Großhandel.* Frankfurt a. M.: Deutscher Fachverlag.

Zollenkop, M. (2006). *Geschäftsmodellinnovation: Initiierung eines systematischen Innovationsmanagements für Geschäftsmodelle auf Basis lebenszyklusorientierter Frühaufklärung.* Wiesbaden: Gabler.

Zott, C., & Amit, R. (2008). The fit between product market strategy and business model: Implications for firm performance. *Strategic Management Journal, 29*, 1–26.

Zott, C., & Amit, R. (2009). Business model design: An activity system perspective. *Long Range Planning, 43*(2–3), 1–11. (April–Juni 2010).

Printed in the United States
By Bookmasters